长三角制造业产业集聚间分工研究

黄　洁　著

ZHEJIANG UNIVERSITY PRESS
浙江大学出版社

图书在版编目(CIP)数据

长三角制造业产业集聚间分工研究 / 黄洁著. —杭州：浙江大学出版社，2015.5
ISBN 978-7-308-14490-2

Ⅰ. ①长… Ⅱ. ①黄… Ⅲ. ①长江三角洲—制造工业—产业经济—研究 Ⅳ. ①F426.4

中国版本图书馆 CIP 数据核字（2015）第 051781 号

长三角制造业产业集聚间分工研究
黄 洁 著

责任编辑	伍秀芳(wxfwt@zju.edu.cn)	
封面设计	林智广告	
出版发行	浙江大学出版社	
	（杭州市天目山路 148 号　邮政编码 310007）	
	（网址：http://www.zjupress.com）	
排　　版	杭州林智广告有限公司	
印　　刷	杭州日报报业集团盛元印务有限公司	
开　　本	710mm×1000mm　1/16	
印　　张	9.5	
字　　数	181 千	
版 印 次	2015 年 5 月第 1 版　2015 年 5 月第 1 次印刷	
书　　号	ISBN 978-7-308-14490-2	
定　　价	38.00 元	

前　　言

20 世纪 90 年代以来,伴随着产业集聚的发展及其对世界经济所产生的巨大影响,经济学家对产业集聚产生了浓厚兴趣,继而投注了极大的研究热情。2008年,诺贝尔经济学奖授予了麻省理工学院的保罗·克鲁格曼教授,以表彰其在新经济地理和新贸易理论上的杰出贡献,这标志着主流经济学对日渐成熟的产业集聚理论的极大肯定。尽管新经济地理学、区域经济学、产业经济学等多个经济学分支在产业集聚理论上形成了一定程度的融合,但就研究现状而言,目前还存在以下三个主要问题:一是对产业集聚中分工思想的忽视,事实上,产业集聚本身就是社会分工的产物;二是研究的重点停留在单个产业集聚的形成上,而忽视了多个产业集聚间的互动和联系;三是在研究角度上缺乏对产业集聚二维性的重视,导致产业集聚理论缺乏微观实证的支撑。以上三个问题是相辅相成、互为前提的,因此,必须构建一个新的理论框架来充实和发展产业经济理论。

本书在市场一体化程度较高和地区发展水平接近的前提下,提出了产业集聚间分工这一研究主题,通过描述产业集聚间分工产生的微观机制,明确了垂直解体和运输成本对形成产业集聚间分工的作用,并在此基础上进一步探讨了产业集聚间分工对发展广域产业集聚的影响,解释了多个分散的产业集聚如何演化为在空间上范围更大,在产业层次上更高的地区竞争优势的过程。

在实证分析中,本书通过在空间和经济两个维度下对产业集聚的边界进行定义,将一个地级市的三位数产业作为基本的考察对象,以 2001—2006 年的长三角制造业企业数据为样本,用 Ellison 和 Glaeser 的产业集聚指数界定了产业集聚,并借用共同集聚指数测算了长三角在二位数产业组上的产业集聚间分工状况,确定了该地区整体的产业集聚间分工态势及其与产业集聚程度的关系。在此基础上,本书又估计了长三角地区与此同期的垂直解体程度和运输成本情况,检验了这两者对产业集聚间分工的作用。最后,本书计算了长三角地区的产业同构程度,用产业集聚间分工指数解释了该地区产业同构中的产业关联现象。

通过理论探讨和实证分析,本书的主要研究结论如下:

(1) 产业集聚间分工的产生是产业集聚发展到一定阶段的产物。目前,中国的产业集聚正处于倒"U"形发展的上升阶段,专业化程度也随之加深,产业集聚本身的封闭性和排他性逐渐暴露出来,成为产业升级和产业结构调整的阻碍,因此在客观上产生了整合相对独立的产业集聚的要求。实证结果显示,产业集聚和产业集聚间分工之间存在着较为显著的正相关关系。

(2) 产业集聚间分工的形成依赖于垂直解体的深入。在产业集聚地区,由于外部性的存在,中间产品的交易变得十分容易和便捷,共享的劳动力和技术进一步促进了分工和专业化生产。但随着垂直解体的深入和专业化的发展,厂商之间的关系变得比垂直一体化条件下更松散和脆弱。产业集聚区的狭小市场中,中间产品的专用性大幅度提高,通用性下降,最终将影响产业的进阶与发展。因此,需要利用产业集聚的地理集中特征来形成更为稳定和牢固的厂商之间的分工,促进专业化发展。就这样,分解出来的生产活动在空间上形成了以产业集聚为节点的产业集聚间分工,大量存在的中间产品交易沟通了原本封闭的产业集聚,促使各种生产要素通过产品贸易在产业集聚间发生流动。本书通过计量分析垂直解体与产业集聚的互动,证实了垂直解体是产业集聚间分工的条件之一,并进一步指出,两者之间的相互促进会导致累积循环效应,从而提高生产效率。

(3) 产业集聚间分工的出现意味着:① 在形成分工关系的产业集聚之间的运输成本必须比较低廉,因为过高的运输成本会切断产业集聚与外界的交流;② 该广域产业集聚与外界其他地区的运输成本则不能过低,否则会引起产业集聚力的发散,导致产业集聚优势向外流失,直至形成一个比原先广域产业集聚更大的新的统一市场。因此,一个恰当水平上的运输水平是产业集聚间分工形成的重要条件。

(4) 产业集聚间分工会导致广域产业集聚的形成,这一过程是地区竞争优势的来源之一。广域的产业集聚中往往隐藏着次区域中的产业同构问题,但我们通过实证发现,如果产业同构是以产业集聚间分工作为产业关联的,那么这种产业同构并不会引起地区竞争优势的丧失,反而会增进地区竞争优势。研究结果显示,产业集聚间的分工通过三个步骤"锁定"地区竞争优势:① 产业集聚内企业的跨区域发展使价值链在空间上的分布趋于离散化,进而导致次级产业集聚间分工的形成,并产生了产业间的溢出效应;② 随着分工的深化和趋于稳定,地区专业化水平进一步获得提升;③ 在区域溢出效应的作用下,原有产业集聚被锁定在区域溢出效应明显的区域,形成广域的产业集聚。以上过程证明了产业集聚间分工是区域竞争优势的主要源泉,上述过程的累积循环形成了该地区的竞争优势。

上述研究结论深化了对垂直解体、运输成本、地区竞争优势和产业集聚间关系的认识，提出了产业集聚间分工这一全新的研究命题，因而使得本书具有了一定的探索意义。总的来说，对比过往研究，本书主要取得了以下研究进展：① 提出了产业集聚间分工这一经济学命题，阐述了其演进的路径，分析了其产生的条件和原因，研究了其对地区竞争优势的影响，并从产业组织的角度对产业集聚的分析框架进行了拓展；② 明晰了产业集聚间分工的微观机制，从空间和经济的二维视角，对产业集聚的微观形态进行了界定，并在此基础上探讨了它的存在性、根源性和影响，为进一步的研究提供实证基础；③ 从地区竞争优势的深层次来源剖析了产业集聚间分工对它的影响，从产业关联的角度消除了对产业同构必然带来地区竞争力下降的误解，深化了对产业同构的认识，同时具有一定的实践指导意义。

当然，囿于研究者本身的学术素养，研究工作仍然存在诸多不足之处。对此，本书最后部分提出了本研究的局限性以及在未来还需要深入研究的若干问题。

目　　录

1 绪 论

1.1 研究背景

1.1.1 现实背景

受到全球化(globalization)和本土化(localization)两种浪潮的冲击,企业所面对的外部经营环境发生着急剧的变化,促使企业在生产组织方式上不断推陈出新,从而导致产业组织方式变得愈加复杂多样。这种变化主要体现在以下三个方面。

(1)刚性的垂直一体化生产方式逐步被柔性的垂直解体替代,人们越来越倾向于在空间上组织生产。随着市场经济的日渐成熟,人们对产品种类的需求越来越多,而在生产周期上则要求越来越短,这种快速多变的市场需求对企业的生产组织方式提出了更高的要求,外包生产、迂回生产和中间产品市场的出现也就不可避免。

(2)产业集聚地为避免产业同构带来的恶性竞争和产业本身存在的衰退风险,产生了资源整合的动力。专业化生产的地区往往在不同程度上存在着产业同构,容易产生资源浪费和恶性竞争的负面效应;加上产业本身在专业化达到一定程度后必然会有的新陈代谢,如果不对其进行升级和优化,则衰退就不可避免。在这一背景下,对原有资源进行整合,使产业集聚形成分工体系,并在分工的带动下发展为一个"产业带"或"广域的产业集聚",就成为一个产业集聚地区保持和获取竞争优势的重要条件。

(3)随着运输成本的大幅度下降,企业跨区域发展和地区资源整合成为可能。20世纪90年代以来,基础设施的建设进入了高速增长期,四通八达的高速公路、不断提速的铁路和越来越平民化的民航,使得交通成本大大降低,极大促进了产业和要素的自由流动;另外,信息技术的发展,尤其是互联网的出现和迅速普及,使异地生产的协作性越来越大,生产劣势越来越小。

以东京大田区的产业集聚为例。大田区是孕育日本基础技术的机械产业集聚地区。1980年,大田区拥有一般机械类企业的工厂数量有2294家,电气机械类1242家,运输机械类462家,精密机械类388家。在20世纪80年代到90年代的产业结构调整中,受日元升值、青年劳动力减少、城市制造业生存条件恶化等多种因素影响,大田区各类中小企业的数量都在减少,产业向其他地方和海外转移的趋势十分明显。到1990年,大田区工厂总数减少到7860家,比1983年最多的时候减少了1330家企业,机械产业内部小类产业比重也发生了变化,一般机械产业比重上升,电气机械、运输机械和精密机械产业的比重下降,而机械制造业整体规模则处于不断缩小的趋势中。针对上述产业发展中暴露出来的问题,日本大田区学习美国硅谷经验,根据自己的特点和需要,并不急于引进新的产业,而是进行了两方面的重大调整:一是促进本地区企业、产业之间横向和纵向联系,增加产品生产的环节,进行迂回生产,发展壮大中间产品市场,带动要素和技术在整个地区中的流动;二是利用本地发达的交通条件(沟通日本国内主要航线和国际航线的羽田机场就位于大田区,至成田机场只需90分钟高速巴士,距东京市中心只需30分钟(图1.1)),促进本地产业与外地的大学、科研机构以及商社的联系,充分利用商社渠道,利用低廉的运输成本,实现异地研发和销售,增强产业创新能力和扩展能力。这种在地理和产业上对生产的重新组织,孕育了全新的大田区产业集聚,长久地支撑了日本经济。

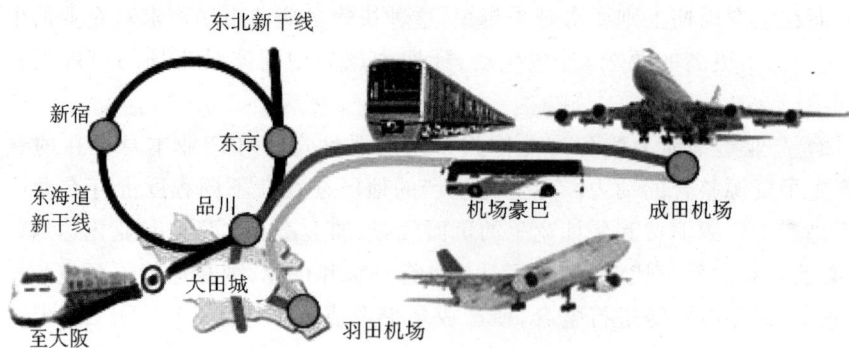

图1.1　大田区的交通条件

资料来源:日本大田区产业振兴协会网站 www.pi-ota.jp

而在中国,这种产业集聚间的联系也在蓬勃发展中,尤其是在产业发展水平较高、交通相对便利、产业集聚已经发展成形的长三角地区。如昆山和苏州在台资和日资企业的带动下,从TFT、LCD等电子元件的OEM加工基地,逐渐演变成电子、通信器材的产业集聚,并形成了以各个生产环节为节点的巨大的生产组织网络。而在浙江,大量自发形成的中小企业和手工作坊构成了一个有序的生产体系,大唐制袜被分解成 8 道工序,金乡徽章则有 12 道工序,每个村落的所有作坊可能都只负责其中一道工序。这些产业集聚间的分工态势,一方面降低了产业集聚地区的衰退风险,促进了产业升级;另一方面,在更广大的地区形成产业带,构成了该地区的核心竞争优势。

因此,在垂直解体和低运输成本的背景下,对产业集聚间分工这种新型的生产组织方式如何进行定义,继而分析其发展和演化规律,揭示其对地区竞争优势形成的核心作用及内在机理,是亟待理论工作者解决的现实问题,这对于促进产业集聚的发展,提升产业集聚地区乃至整个国家的竞争力具有切实的实践指导意义。

1.1.2 理论背景

产业集聚理论并不是一个独立的经济学或管理学分支,因其在现实经济活动中的重要性而成为不同研究领域中不可回避的研究对象,因此对产业集聚的研究并没有一个具有严密逻辑的系统性理论框架。多个经济学分支,如新经济地理学、新贸易理论、区域经济学、产业经济学、竞争优势理论在产业集聚理论上的见仁见智,也使产业集聚理论天然地融合了百家之长,因而具有通常理论所不具备的多维视角。

概括地来说,经济学对产业集聚的研究主要是从两个角度:一是以新古典经济学及其各分支经济学为主的对产业集聚的经济性质及其内生机制的研究。这一类的研究,注意力主要集中在单个集聚内部劳动力、技术等生产要素的流动所导致的产业集聚形成机制和所导致的区域优势。二是以区域经济学、城市经济学为主的研究,注重对产业集聚地理性质的探讨,主要将运输成本作为形成区域间生产能力差异的主导原因。近年来方兴未艾的新经济地理学,试图在一个一般均衡框架下把两种思路统一起来,在考察了规模经济效应的同时,将运输成本也作为一个内生变量来考察,因而成为研究产业集聚理论的主流。他们的结论简单而言,是一个地区是否能形成产业集聚,关键在于运输成本和规模经济的博弈。如果运输成本大于规模经济效应,则产业的分布趋向于分散,反之则会趋向于集中(Fujita et al.,2000)。

这些研究的共同点是,都以单个产业集聚为研究对象,研究的方法都是静态和线性的,缺乏对多个产业集聚间关系的讨论和对其动态性的关注。然而,在经济学忽略这些问题的同时,许多管理学研究者在波特(Porter,1998;2000)和格兰诺维特(Granovetter,1985)的启发下,开始用企业网络的相关理论来分析产业集聚间的关系(Powell&Smith-Doerr,1994;Inkpen&Tsang,2005)及其对一地区竞争优势的重要性。但显然,由于缺乏规范的经济学范式的表述,这些结论仍不为主流经济学者所重视。与之相比,新经济地理学无论是从空间上来考察产业集聚间的联系(比如,运输成本的降低导致多个产业集聚地理集中的可能性加大),还是从经济性质的角度来分析产业集聚间的溢出效应(比如,产业的纵向、横向关系),都存在着许多的理论空白。这主要是基于以下三方面原因:

(1) 研究角度的单一性。城市经济学和区域经济学中对多样化生产和专业化生产的研究,为研究产业集聚间关系提供了良好的借鉴,但其出发点和归宿都是在于论述区域的规模和边界。同样地,国际经济学中对国际产业分工的研究,由于没有考虑运输成本的问题,也无法成为研究产业集聚间关系的现成平台。

(2) 动态研究的缺乏和微观研究的不足。尽管新经济地理对单个产业集聚的研究综合了以往的研究成果,从产业集聚的地理性质和经济性质两方面分析了产业集聚的形成及效应,但由于整个研究建立在静态的视角上,因而始终没有从动态演化的角度对产业集聚间的关系进行分析,也就无法揭示产业集聚间分工推动区域竞争优势形成和发展的微观机制。

(3) 实证研究的困难性。尽管产业集聚作为一种产业在空间上的"扎堆"现象,十分容易描述,但对其进行精确的定义却绝非易事,产业集聚的定义在众多文献中都表现得抽象而模糊。尽管在新经济地理成形之前,实证领域的研究者就已经发展许多指数来描述和测算产业在空间集中程度(Ellison&Glaeser,1997;1999),但这些指数只是在地理上显示了产业集中,并不能完全反映出新经济地理上的产业集聚。事实上,要从产业间的相互关联上来反映出产业的集聚性是非常困难的。

综上所述,在生产的网络化和价值链的扩张趋势日益明显,垂直解体普遍发生,运输成本越来越低的大背景下,组织生产的主体已经跳出了单个企业或产业集聚内一类企业的范畴。产业集聚,甚至单个区域都可以成为生产分工中的一环。这种通过分工实现的对资源的解构和重构足可以推动一个地区核心竞争力的升级;而分工——这一被现代主流经济学所忽视的议题,正是古典经济学的理论基石。因此,对产业集聚及其相互之间的分工进行研究,具有经济学的理论意味和现实考量。

1.2 研究目的与内容

本书的目的是从产业集聚的经济性和空间性两个维度对产业集聚间分工进行研究,将研究的空间范围扩展到一个较大统一市场内的多个产业集聚之间,在产业组织学的微观分析和产业集中的实证方法下,进一步扩展和补充新经济地理学对集聚和扩散效应的论述,探讨产业集聚间分工的经济意义和地理意义,寻找产生产业集聚间分工的条件和原因,并最终揭示产业集聚通过相互间分工演进成为一个地区竞争优势的普遍规律。本书主要对以下四个问题进行研究。

问题1:产业集聚通过什么样的微观机制在地理上形成分工?

新经济地理的 NEG 模型(new economic geography model)在垄断竞争假设下,用规模经济和运输成本作为内生变量解释了产业集聚的形成机制。那么,在产业集聚形成以后,它的发展和演化是否也同样受到规模经济和运输成本的作用?多个产业集聚间的关系又是以什么为纽带建立起来的?这就涉及对规模经济、专业化生产和运输成本的讨论。其中,最重要的内生变量是由垂直解体产生的中间产品市场。我们讨论的问题如下:

(1)对宏观上的规模经济和微观上的专业化生产的讨论。马歇尔(2001)是第一个提出规模经济,并从整体层面定义了规模经济的经济学家,他将规模经济分为内部规模经济和外部规模经济。这个概念被主流经济学接受并沿用至今。产业经济学家在此基础上着力研究了由规模经济带来的垄断竞争问题,也就是市场结构问题(Dixit&Stiglitz,1977)。另一些经济学家则认为,仅是整体层面上的规模经济远远不能解释其对产业集聚的作用。杨格(Young,1928)认为,把单个厂商的专业化生产和最终产品的规模经济等同起来是十分不合适的,整体的规模经济的核心是生产方式的迂回和资本的经济性。尽管许多高水平的著作都认为,生产的可分离性是规模经济的前提,但同斯蒂格勒(Stigler,1951)一样,杨小凯(Yang,2001)也认为,把规模经济及其对产业集聚产生的效应建立在厂商的微观层面是不合理的。他们通过证明市场规模与分工的无关性,阐述了这样一个论点:由分工带来的专业化生产不一定与规模经济相一致,因为厂商的专业化生产是个人专业化生产水平的函数,因此其密切联系的是范围经济而非规模经济。

(2)对垂直解体的讨论。在将市场整体的规模经济细化到微观层面的厂商专业化生产以后,分工、中间产品生产、迂回生产就成为研究产业集聚间关系的关键词,而垂直解体则是对这些生产过程在空间上分离现象的总体概括。垂直解体是垂直一体化的反过程,但不是对生产活动的简单分拆。管理学认为,当产业组织完成垂直解体后,会产生一种介于企业和市场之间的组织,Sturgeon(2002)将其称为"生产网络范式"。它部分地削弱了原属于垂直一体化企业的力量,借助中间产品市场或"外包"等生产方式,把最终产品生产过程中的分工优势扩散到其他企业和地区,促进了地区要素流动和生产效率提高,从而在一个相对更广大的空间范围上产生了产业集聚效应。

(3)对运输成本的讨论。新古典微观经济学所要解决的问题是关于稀缺资源的有效配置问题。因此,它所研究的基本问题包括生产什么,为谁生产和如何生产。而"在哪里生产"的问题则涉及运输成本的问题,而这并不属于新古典经济学核心问题的构成。从冯·杜能第一次用运输成本的概念解释了专业化产业区的形成开始,许多经济学家都围绕运输成本解释了集聚的产生和发展。随着新经济地理学派的兴起,克鲁格曼和藤田昌久(Fujita et al.,1999;Fujita & Mori,2005)等将空间因素引入了迪克希特和斯蒂格利茨(Dixit & Stiglitz,1977)对德布鲁框架的修正中,使非线性的"冰山成本"与新古典框架相容。这样,多样化需求、运输成本、垄断竞争都被统一在一个理论框架内。

我们试图在对以上三个小问题进行讨论的基础上,建立一个简洁的微观动态模型来作为本书的整体理论框架,阐释专业化生产和垂直解体是如何相互促进,并在运输成本的作用下,使同处于一个市场内的两个相邻产业集聚间发生分工关系,进而改变市场规模和地区间在生产上的松散关系,使之成为一个有组织的生产制造单位和销售市场。我们称之为"广域的产业集聚"。

问题 2:产业集聚间的分工是否真实存在?

在中国,长江三角洲①(以下简称为"长三角")地区,凭借其在专业化生产上的优势,成为中国社会经济最发达的地区。因其内部各地区的历史渊源深厚,文化背景相近,市场统一开放和民营经济繁荣发展,又衍生出许多产业集聚发展过程中的新现象,为研究者提供了研究中国产业集聚前沿问题最好的样本,也促使研究者进一步深入拓展现有理论视角。

特别是近年来,长三角地区形成的产业集聚内企业跨区域发展的潮流,引起了很多学者的关注(王晓娟和陈建军,2006;李清娟,2006)。以汽车制造业为例,该地区拥有大量的整车制造企业,同时也是全国聚集轿车整车生产基地最集中的地区。上海有全国三大汽车集团之一的上汽集团、中德合资的上海大众、中美合资企业上海通用;江苏则拥有南京菲亚特、春兰汽车、上汽仪征、扬州亚星、盐城东风悦达起亚;浙江的吉利则是全国最大的民营汽车企业。目前,在长三角地区已经显现出了汽车产业集聚间分工的雏形:上海市重点发展了汽车产品的价值增值环节(研究开发、零部件制造、整车组装、销售服务)中的研究开发、整车组装和销售服务三个

---

① 地理上的长江三角洲,泛指镇江、扬州以东的长江泥沙积成的冲积平原,位于江苏省东南部、上海市及浙江省杭嘉湖地区。经济上的长三角地区往往是指以上海为龙头的苏中南、浙东北工业经济带,包括上海市;江苏省的8个市:南京、苏州、扬州、镇江、泰州、无锡、常州、南通;浙江省的7个市:杭州、宁波、湖州、嘉兴、舟山、绍兴、台州。有时候也泛指苏、浙、沪三省市。本书的长三角是指经济上的长三角地区,在实证研究中采用的是25个地级市单位的数据。

环节;而江苏、浙江则利用众多零部件合资或独资企业落户两省的机遇,发展出拥有 300 余家汽车零部件生产企业的上海乃至全国汽车产业的"大后方"。目前商行整车装配中所用到的诸多零部件,有 90% 来自近邻江苏和浙江;在上海桑塔纳轿车共同体名录中,176 家成员单位中大多数是江浙企业。一个日趋成熟的汽车制造产业带正在长三角逐步形成。

由于产品的研发和销售阶段的数据受到可得性的较大限制,本书主要以长江三角洲地级市制造业规模以上企业为样本,以 *E-G* 指数为标准估算了长三角总体空间尺度下二位数产业的集聚情况,并在此基础上以水平关联的三位数产业为切入点,计算了它们在长三角的共同集聚;共同集聚指数越大,就说明它们之间的生产联系越紧密,分工状态越明显,反之则不然。

问题 3:产业集聚间分工产生的条件和原因是什么?

大量事实证明,近年来长三角地区产业集聚间发生的分工,并不是偶然出现的现象,规模经济、产业集聚和劳动分工的互动在这些地区严丝合缝地进行着。这就引起了我们在长三角产业集聚间分工确实存在的假设下,对以下三个问题进行探讨的兴趣:① 为什么长三角可以形成产业集聚间分工? 换句话说,它发生的区域条件是什么? ② 产业集聚间的分工是不是一种市场行为? 如果是,那么这种需求是怎么产生的? ③ 促使长三角形成产业集聚间分工的深层次原因又是什么?

新经济地理学认为,产业集聚的产生和发展离不开先天优势(natural advantage)和后天优势的综合作用,许多学者在对单个产业集聚形成与发展的讨论中证明了这一点。那么在产业集聚间分工的形成过程中,是否也可以用先天优势和后天优势来证明? 哪些因素是先天优势,哪些又属于后天优势? 进一步地,克鲁格曼认为后天优势中对产业集聚起到核心作用的是前向联系(forward linkage)和后向联系(backward linkage),前者是指对需求市场的接近,后者是指对原材料市场的接近。Venables(2001)提出,中间产品是前向联系和后向联系的重要纽带,而产业集聚间分工正是通过企业在中间产品生产方式上的选择来实现的,因此对产业集聚间分工的中间产品生产方式的研究,就是研究产业集聚间的前后向联系,也就是研究长三角产业集聚间分工的后天优势。

在中间产品的生产上,企业可以选择自行生产,也可以选择购买,这种选择取决于企业所在的产业集聚是否具有对外延伸生产活动的诉求,或借助其他产业集聚地区的力量来完成自我完善的需求。那么这种需求的实现又是通过什么途径呢? 这一点与产业集聚本身的发展阶段及程度有关,也与长三角不同产业不同的垂直解体程度有关。最后一个可能的相关因素是江浙沪三地之间的运输成本和三地与全国其他地区的运输成本。

问题 4：产业集聚间分工演进成为地区竞争优势的路径是什么？

产业集聚引起地区竞争优势的差异，进而导致地区间发展不平衡，这已是不争的事实。尽管人们从多种角度论证了产业集聚产生的原因，但对产业集聚产生后，如何形成和强化整体区域竞争优势的过程却依旧不甚了了。尤其是改革开放以来，长三角内星罗棋布的"县域经济""产业集聚"成为各县市最主要的区域竞争优势，并一直保持着不断发展壮大的势头，逐渐成为整个长三角地区的竞争优势，差异化竞争和协同发展的态势呼之欲出。在此过程中，分散的产业集聚是如何走向整体的区域竞争优势的？其中的传导机制又是什么样的？已有文献对此鲜有论述。

波特（Porter，1998）认为，产业集聚是不同于科层制组织或垂直一体化的一种组织，是对有组织的生产价值链的一种替代。因此，这种由独立的、非正式联系的企业及相关机构形成的产业集聚代表着一种能在效率、效益及柔韧性方面创造竞争优势的空间组织形式，它所产生的持续竞争优势源于特定区域的知识、联系及激励，是远距离的竞争对手所不能达到的。波特从竞争优势的角度为产业集聚的形成机制提供了一种解释，并从更注重产业关联度的角度很好地补充了经济学中产业集聚理论在这方面的缺陷。但其理论在一些方面也受到经济学家的批评，如邓宁（Dunning，1998）认为，竞争优势理论过分强调国家和区域政府在产业国际竞争中的作用，并把复杂的经济活动因素简单地构造成四个基本的要素，而且忽视了要素流动对"钻石模型"的影响。

而本书的目的之一就在于在经济学范式下，更多地通过对市场机理的分析来寻找长三角内产业集聚从各自为政的"小打小闹"走向广域的产业集聚，并分析其最终形成整个地区竞争优势的路径选择。

1.3　概念界定

由于本书的理论渊源来自多个研究领域，在理论的驾驭上存在较大困难，涉及的诸多概念在不同流派中难免出现混淆和不同的理解，因此将主要概念作如下简单界定。在本书接下来的几章中，我们将反复提到这些概念，并作进一步的详细说明。

（1）产业集聚：不同企业在地理上的集中现象和过程，这些企业可能是有产业关联的，也可能是没有直接的产业关联的。

（2）产业集聚间分工：产业集聚之间通过中间产品形成的分工关系，这种分工关系可以是垂直的,也可以是水平的,甚至可以是价值链上的。

(3) 广域的产业集聚:在产业集聚分布密集且发展水平接近,发展程度较高的地区形成的,相对产业集聚而言,包含更多其他产业和地理空间的产业带(杉浦章介,2003)。

(4) 规模经济:当规模扩大时,单位成本反而下降,许多经典文献将其作为产业集聚产生的根本原因(马歇尔,2001)。在本书中,我们认为,规模经济只能发生在整体经济层面,对单个厂商而言,是不存在规模经济的(Yang,2001)。

(5) 专业化生产:与规模经济只能发生在整体经济层面上不同,专业化生产可以深入厂商层面,这是本书对产业集聚间分工进行解释的基础(Stigler,1957)。

(6) 垂直解体:垂直一体化的反过程,指生产活动从原来厂商或者生产单位分离出来,由不同的厂商来单独完成的过程。

(7) 运输成本:将最终产品或中间产品从一地运往另一地的运输费用。在本书中,运输成本是广义的,即它不仅包括在运输过程中发生的费用,也包括信息交换等方面的费用(Tabuchi,1998)。

1.4 研究的逻辑思路、基本框架和章节安排

1.4.1 研究的逻辑思路和基本方法

本书的基本研究思路是在垂直解体和运输成本的不断降低这一现实背景下,提出产业集聚间分工这一研究对象与主题,将产业集聚作为一个微观的经济活动主体。我们综合运用新经济地理学、产业经济学、城市经济学、区域经济学和组织战略理论,构建产业集聚间分工的理论分析框架,研究其产生的内在机理和微观机制,对长三角地级市制造业规模以上企业数据进行统计和计量分析,证明产业集聚间分工的存在性;并据此在 Logit 模型下,研究了垂直解体和运输成本对产业集聚的组织特性,并讨论产业集聚间分工在产业集聚演化为地区竞争优势过程中的核心作用。

本书认为,在产业集聚分布密集且发展程度相对较高的地区,产业集聚在"锁定(lock-in)"该地区的产业优势甚至地区优势的同时,也不可避免地带来了产业集聚本身固有的衰退和锁定风险。为了避免生产的过度专业化所引起的封闭性,产业集聚会产生与外界进行交流的需要,以弥补在多样性上的缺陷。在垂直解体和适当的运输成本下,这种需要转化为产业集聚间的分工。最后,具有产业关联的相关优势产业促使该地区形成"广域的产业集聚",并形成该地区更大的地区

竞争优势。

基于以上认识,本研究的逻辑框架如图1.2所示。

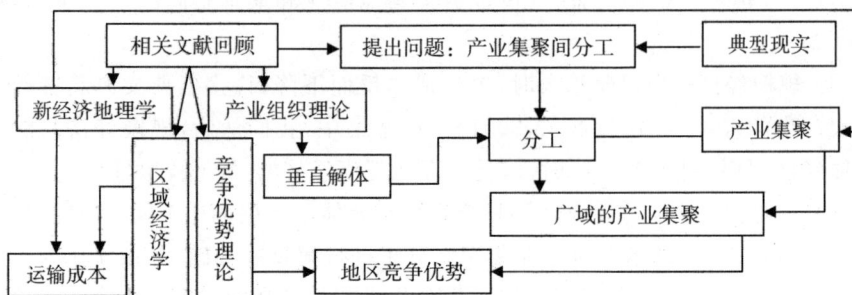

图 1.2　本研究的逻辑框架

1.4.2　本书的章节安排

本书第2章回顾了垂直解体和产业集聚的相关文献,并给出本书的分析框架;第3章建立了经济-空间二维视角下的产业集聚间分工理论框架;第4章开始本书的实证部分,首先是对统计事实的描述,用特征性事实阐述了长三角地区产业集聚间分工现象;第5章是计量检验,用Logit回归模型解释了产业集聚间分工产生的条件和原因;第6章是对第4、第5章的延伸性论述,总结了产业集聚间分工对地区经济的意义;第7章是全书的总结和对未来研究的展望。

1.5　研究的创新点

与以往有关产业集聚的研究不同,本书改变了过去仅仅研究单个产业集聚的方法,基于空间和经济的二维性,把单个产业集聚本身的成熟程度、垂直解体程度以及产业集聚间的运输成本作为特征性因素,系统考察了后发优势对多个产业集聚间形成分工的影响,构建了产业集聚间分工研究的微观分析框架,并分析了这种新型的分工对一个地区竞争优势的决定性作用。

另外,本书的一个显著特点是,对产业集聚间分工的研究不仅运用了新经济地理学、区域经济学和波特的竞争优势理论,还加入了产业组织理论的观点,充分反映了研究对象所具有的复杂经济学性质;同时与目前大量对单个产业集聚的研究不同,本书通过对产业集聚的专业化生产特性,将产业集聚中包含的分工思想,用多个产业集聚间形成的产业关联来进行反映,提供了一个概念化的理论模型和可操作化的实证框架,具有一定的探索意义。

在实证分析中,本书以 2001—2006 年中国工业企业数据库中,长三角地区数十万家规模以上企业的基本数据为样本,通过将 167 个三位数产业划归到 30 个产业组中的方法,以 E-G 指数计算了它们之间在地理上的集聚程度,从而估算了长三角产业集聚的发展程度、产业集聚间分工程度以及地区间有产业关联的产业同构程度,并运用 Logit 模型实证检验了在第 3 章中的理论模型,这在产业集聚的实证研究中具有一定的开拓意义。

具体来说,在相关研究基础上本研究主要在如下几方面取得了进展:

(1) 提出了产业集聚间分工作为生产组织方式之一的研究命题,并提供了从整体上分析产业集聚间分工的逻辑基础和现实依据,拓展了产业集聚分析中如何体现分工思想的理论框架。

一直以来,经济学把产业集聚作为独立的研究单元,而对多个产业集聚间关系的分析缺乏应有的审视。随着产业集聚本身的发展,厂商已经不再是市场竞争的唯一主体了,兼具经济和空间二重身份的产业集聚因为强烈的身份认同和内部协调机制,已经日渐成为竞争中超越厂商的一种生产组织对象。在此基础上,本书将产业集聚的整体性作为研究的基础性前提,以中间产品生产方式的选择为切入点,通过对杨格(Young,1928)、斯蒂格勒(Stigler,1951)和杨小凯(Yang,2001)模型的借鉴,研究了两个重要问题:① 垂直解体下的经济组织要比垂直一体化的经济组织更有效率,因此处于垂直解体链条中的产业集聚组比单个产业集聚有效率;② 产业集聚间分工的形成,还需要一个恰当的运输成本,过大或过小的运输成本都会导致产业集聚优势的丧失。这两个研究命题体现了产业集聚间分工形成的微观机制,一方面,弥补了传统产业集聚理论在分析多个产业集聚间关系上的空白,补充了现有理论对分工思想的忽略;另一方面,进行了将经济组织间的互动问题纳入产业集聚理论的分析框架中的探索性工作。

(2) 从经济和空间的二维视角明晰了产业集聚的边界,在一定程度上解决了由于产业集聚定义中的含混性带来的研究困境。

本书围绕"产业集聚间分工是什么""产业集聚间分工为什么会产生""产业集聚间分工又会带来什么影响"的逻辑顺承关系展开三段论性质的阐释,在理论上揭示了产业集聚间分工形成的微观基础,在实证中得出了产业集聚本身发展程度、垂直解体程度和恰当大小的运输成本在它产生过程中的决定性作用,并通过对地区竞争优势来源的剖析,证明了产业集聚间分工构成了产业集聚分布密集,且同时拥有相似优势产业地区的竞争优势。这一系列理论论述和实证检验的过程都得益于对产业集聚二维性的确定,沟通了产业和地理两方面的理论渊源。

(3) 确立了把地级市三位数产业集聚作为基本产业集聚单位的实证框架,相对传统研究细化了产业和地区的划分范围,提高了面板数据质量,加强了数据的说服力。

国内现有的对产业集聚的实证研究在数据上存在着两个特点,一是数据来源通常是统计年鉴上的省级单位二位数产业;二是采用的指标往往是空间 Gini 系数。这样就带来两个问题:一是容易产生对产业集聚发展程度的偏大估计;二是分析无法深入更细的微观层。本书以长三角三省市 25 个地级单位 6 年总计 60 余万家规模以上企业数据的统计结果为基础,分别计算各地级市在二位数行业和三位数行业上的 H 指数(赫芬达尔指数),以及修正后的 $E\text{-}G$ 指数,包括单个产业集聚的 γ_k^0、γ_l^0 指数和表示产业集聚间分工的 γ_k^c 指数为主要的产业性测量指标,以 β_i 为主要的地区性测量指标,得出了相对精确的关于产业集聚、产业同构和产业集聚间分工发展程度的统计结果。

2 分工视角下的产业集聚核心思想综述

本章回顾了产业集聚理论的分工渊源,梳理了近年来国内外学者在产业集聚领域中具有代表性的研究成果,特别是对新经济地理及其相关的产业集聚理论的文献进行了细致整理,把重点放在分析产业集聚理论中的分工思想及核心概念的详细论述上,用全新的角度阐述产业集聚理论和与之相关的分工思想。同时,注重理论和实证的呼应,用国内近年来最具有代表性的实证研究考察了国内产业集聚的现状和研究水平。

2.1 产业集聚理论沿革

2.1.1 产业集聚的界定

位于旧金山东南的硅谷地区是世界上最大的计算机和电脑软件产地,而美国的大纽约地区、法国的大巴黎地区、英国的伦敦地区等则是世界上最大的城市带,这些都是世界上最为著名的"集聚(agglomeration)"。从现象上来说,集聚是指大量相关企业的"扎堆"生产或生产要素在一地的集中。而这里的"产业集聚(industrial agglomeration)"与常见的另一些概念,如产业集群或产业簇群(industrial cluster)、专业化产业区或产业区(industrial district)、聚集经济(agglomeration economy)、企业网络(firm network)、产业集中(industrial concentration)、企业集群(enterprises cluster)等具有相似性,但并非完全等同,特别是集聚和集群在很多场合被混同使用。因此,有必要对本书中的"集聚"一词进行比较精确的定义和范围界定。

在以上概念中,不论是专业化产业区(产业区),还是集聚经济,或者企业集群,都有其历史局限性,或被发展或被替代。"产业区"源于马歇尔的《经济学原理》(Marshall,1890),仅仅作为一个描述性的概念,它是指相关企业在一地的大量集中。同一概念在韦伯(1997)和胡佛(1990)的论述中被称为"聚集经济",强调的是广泛而抽象的集中现象。这几个一脉相承的概念随着理论的发展,逐渐被"集聚"或"产业集聚"所容纳。而产业集中则属于产业组织理论概念,是用来表示企业在所在行业的支配能力和市场地位的,与产业的空间分布和集中无关。企业集群则为国内学者使用(仇保兴,1999),在一定程度上可以说是产业集群的演绎。因此,本书着重对"产业集聚"、"产业集群"和最近兴起的"企业网络"进行概念比较(图 2.1)。

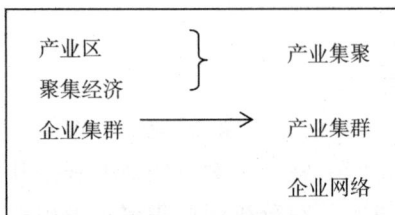

图 2.1　产业集聚相关集聚概念体系

1. 产业集群

虽然 20 世纪 70 年代,扎马斯基就将生物形态学上的集群概念引入经济学分析,并最先提出了产业集群的概念,但通常认为,直到 1990 年哈佛大学的波特(Porter,1998)的《国家竞争优势》一书出版,学界才开始正式使用"产业集群"这一概念。波特对"产业集群"进行了完整表述,并在理论上分析了产业集群如何构成一个国家的竞争优势。波特认为,产业集群是指在某一特定领域中,产业联系密切的企业以及相关支撑机构在空间上集聚,从而形成强劲、持续竞争优势的现象。产业集群经常顺着产业链的方向,向下延伸至销售渠道和客户,从侧面扩展到辅助性产品的制造商,以及与技能技术或投入相关的产业公司,以及提供专业化培训、教育、信息研究和技术支持的政府和其他机构。Hertog et al.(2008)从产业集群产生的动机对产业集群进行了定义,即通过价值链相互联系的企业(包括专业供应商)、知识生产机构(大学、研究机构和工程设计公司)、中介机构(经纪人和咨询顾问)和客户为了获取新的互补技术,从互补资产和知识联盟中获得收益,加快学习过程,降低交易成本,克服或构筑市场壁垒,取得协作经济效益,分散创新风险而自动形成的网络。

但不管何种定义,一个产业集群至少应包括如下几个因素:① 具有地理相近性。集群内的企业汇集在一个特定地方组织生产,并辅以周边的支持机构,如学校、商会、协会等。地理上的相近性是集群最显著的表象,也是形成产业集群的基础。② 具有产业关联性。产业集群内的企业和其他机构必须与某一产业领域相关,且这些企业和相关机构构成一个有机整体,而非孤立存在,它们相互之间的互动性是形成竞争优势的关键。因此,从本质上来说,产业集群概念强调的是生产的关联性和经济主体的互动性。

2. 企业网络

与集群概念类似,"网络"概念同样来源于别的学科。社会学中的网络是指一组特定的社会关系(relationship)(如血缘、地缘等)联系起来的节点(nodes)(如个人或组织)所形成的网络。Granovetter(1985)提出了著名的"嵌入"(embeddedness)理论,之后社会网络分析(SNA)方法也随之兴起。经济学家把网络概念引入经济学研究,用社会学上表示"相近性"、"联系性"的"网络"概念来形容相关企业间的关系,并打破了企业-市场的二分法,认为网络是介于企业和市场之间的一种组织。按照 Storper(1995)的定义,企业网络是指企业主体构成的网络形态,包括经常交流和互动的企业,企业之间具有一定程度的相互依赖性。企业网络的特征可以被描述为:① 企业互动性,即网络内的企业存在着相互联系,相互影响的"关系"。这种关系通常是指网络内组织(企业)间重复和持久的交易关系,它是企业网络存在的基础。② 组织秩序性,即企业所组成的网络中,必须有能够实现的可感知的秩序。这是企业网络形成的关键。

因此,企业网络概念的重心放在企业间的互动和关联上,但这种互动和关联并不一定如产业集群所要求的那么严格,必须要集中在某一地区内发生。如外包生产中有长期合同的发包方(sourcing firm)和承包方(contract firm)可以形成一个企业网络,却不能被形容为一个产业集群。举一个最简单的例子:宝洁公司(P&G)和埃森哲咨询公司(Accenture),属于完全没有产业关联的企业,它们之间的关系无法用产业集群来涵盖。但是宝洁公司把财务、人事等很多内置(in house)部门职务外包给埃森哲公司,因此可以被纳入到同一个企业网络中。所以,在这个意义上,产业集群是地理集中的企业网络的一个特例。

在用韦恩图表示的图 2.2 中,更容易看出企业网络和产业集群的概念范畴。图中阴影表示产业集群中的企业,阴影之外的产业集群概念中包括了 Porter 产业集群定义中的支撑机构,这些支撑机构不一定是企业,具有企业网络所不能涵盖的含义。

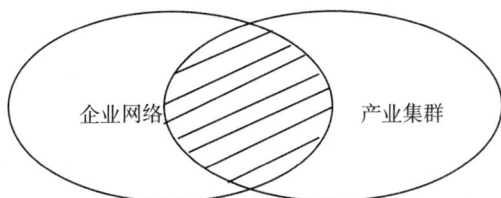

图 2.2 企业网络与产业集群概念图

3. 产业集聚

集聚理论发端于马歇尔的理论,但最早明确使用"集聚"(agglomeration)一词的论述却见诸于韦伯(1997)的《工业区位论》。后来,集聚的概念被集聚理论的研究者如胡佛(1990)、Fujita&Thisse(2003)等所继承并发展。集聚有广义和狭义的区别。广义的集聚指生产要素在空间某点上的集中及其过程,并呈现出多种多样的表现形式,小到一个餐馆林立的街道,大到一个城市的核心区域,甚至一个国家的产业带。这些不同层面上经济主体集中的区位及其区位选择过程就是集聚(藤田昌久等,2005)。狭义的集聚则往往是指广义集聚的一种特定形态及其演进过程,如产业集聚、大都市及其形成和发展。因此,很难对集聚下一个十分精确的定义。但是总结集聚经济学文献,可以确定的是,集聚至少包括了以下特征:① 地理集中性。正如很多学者所述,集聚的地理集中是指一种"物理"上的集中,这是集聚形成的基础。与下文中的"集群"不同,它强调的是多种生产要素在一地的汇集,而并不强调拥有这些经济主体间的相互关联性。② 形态多样性。如前所述,集聚的形态是多种多样的,这种形态的多样化来源于生产要素的"物理"集中。因为没有确定的产业关联性,因此在外部性、规模经济、运输成本等因素的影响下,各种生产要素之间相互作用,产生何种结果很大程度上取决于偶然性因素,而非既定的路径。③ 过程动态性。集聚不仅仅是一种现象,更是一个过程。集聚理论的研究者认为,经济活动的空间构造是两个相反的力量相互作用的结果,这两个相反的力量即为集聚(agglomeration)力和分散(dispersion)力,也称为集聚的向心力和离心力。研究集聚也就是研究集聚力和分散力的制衡。

从以上对集聚特征的描述中,我们可以大致得出集聚所描述的现象的轮廓,即生产性或非生产性活动在空间上从分散到形成明显的地理集中倾向的现象和过程。鉴于制造业集聚现象的显著性和便于观察性,产业集聚往往比其他集聚更多地得到关注。本书亦以产业集聚为研究对象,注重生产活动的地理集中和分布形态。事实上,在很多并不严格的场合,产业集聚和产业集群是可以互换的概念,其内容和意义大致相同,但在本书中,因为特别关注从分散到集中的空间转变过程,而并不强调产业集聚内的企业和支撑机构在产业上的关联性。因此,在这个意义上,产业集群只是本书所提到的产业集聚的一个特殊形态。具体来说,产业集聚和产业集群概念的内涵和外延的异同可总结如表 2.1 所示。

表 2.1 产业集聚和产业集群比较

概念	定 义	特 征	应用领域	优 点	缺 陷
产业集聚	生产性或非生产性活动在空间上从分散到形成明显的地理集中倾向的现象和过程	地理集中性;形态多样性;过程动态性	经济学	不受产业关联性限制,概念的外延更大;具有动态性特征	难以精确定义,因此难以计量考察;缺乏微观基础
产业集群	某特定领域中,产业联系密切的企业以及相关支撑机构在空间上集聚,从而形成强劲、持续竞争优势的现象	地理相近性;产业关联性	管理学	能被精确描述;易于被定量描述	容易忽视产业的地理联系;仅是静态现象

以一个简单的例子来说明产业集群和产业集聚的不同。德国的鲁尔工业区中集中了占德国总产值约三分之一的钢铁、煤矿、计算机等产业,是典型的产业集聚,但却不能算是一个真正意义上的产业集群,而只能说鲁尔工业区拥有钢铁、煤矿、计算机等产业集群。因而产业集聚是比产业集群更为抽象和宏观的概念,可以跨越一般的产业界限,在这个意义上又与企业网络的含义有一定的重合,这三个定义的范围如图 2.3 所示。

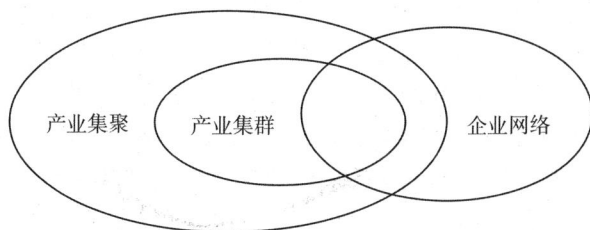

图 2.3 产业集群、产业集聚、企业网络概念图

本书所采用产业集聚的概念,是把产业集群当作比产业集聚的外延更小的概念,包括了产业集群的所有含义,但对产业集聚内的组织间关系又与企业网络类似,比产业集群要松散一些。其含义包括了以下几点:① 与产业集群相同的地理接近性;② 介于企业网络和产业集群间的组织关联性;③ 形成产业集聚的关键的过程动态性。

2.1.2 产业集聚理论概述:一个传统和两个角度

对产业集聚的研究萌芽于古希腊的色诺芬(Xenophon)和柏拉图(Plato),在现代经济学之父亚当·斯密(Adam Smith)的《国富论》中这一古老的经济学现象再次被提及。而真正成为一个经济学流派却要在马歇尔的《经济学原理》出版之后(尹伯成,2005)。如果以时间为轴,按出现的时间先后划分,可以大致分为以下几个时期：古典区位理论时期、新古典早期理论时期、现代区域经济学派、竞争经济学派、新经济地理学派和最前沿的新经济地理学派。为厘清对产业集聚论述的思想继承性，本节将先按时间顺序论述产业集聚理论的沿革（图 2.4），在下面的章节中再按其内在思想详细梳理。

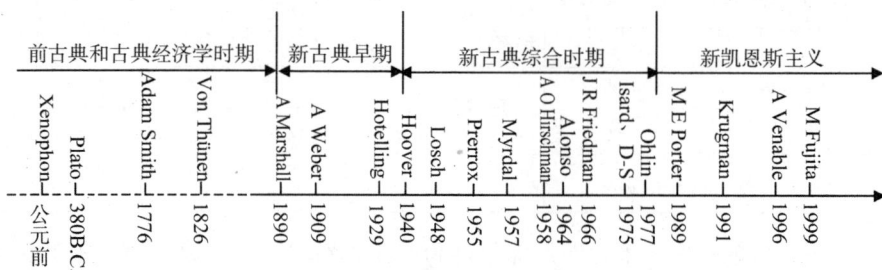

前古典和古典经济学时期　新古典早期　新古典综合时期　新凯恩斯主义

Xenophon | Plato | Adam Smith | Von Thünen | A Marshall | A Weber | Hotelling | Hoover | Losch | Prerrox | Myrdal | A O Hirschman | Alonso | J R Friedman | Isard, D-S | Ohlin | M E Porter | Krugman | A Venable | M Fujita

公元前 | 380B.C. | 1776 | 1826 | 1890 | 1909 | 1929 | 1940 | 1948 | 1955 | 1957 | 1958 | 1964 | 1966 | 1975 | 1977 | 1989 | 1991 | 1996 | 1999

图 2.4　产业集聚理论发展的主要时期及其代表人物

1. 前古典和古典经济学时期（380B. C.—1890s）

色诺芬著有《经济论》（全名《经济论——关于财产管理的讨论》）一书[1]，他比同时代的任何一位思想家都重视经济活动在国家和社会中的地位。他在书中记录了古希腊城邦的经济事务，系统分析了奴隶主经济，研究了小城市兴旺和发达的基础，认为农业是国民经济的基础，而社会分工和小城市的集聚则是国民经济发展的重要原因。同时代的柏拉图在与色诺芬的多次对话中也谈到了关于人类活动中的集聚现象，他的经济思想主要体现在其著作《理想国》和《法律篇》中。柏拉图试图建立一种新的奴隶制国家，一国的人口应与土地保持比例，以消弭社会矛盾，克服城邦危机，也不要过小，并维护奴隶主统治地位。柏拉图理想国的思想以他的分工学说为基础，事实上是集聚经济的思想渊源，即集聚产生的机制是社会分工和专业生产，这一点与色诺芬的集聚思想不谋而合，因此，产业集聚思想从其萌芽时期就与分工思想密不可分。

亚当·斯密和大卫·李嘉图（David Ricardo）继承了古希腊学者的这一思想，尽管在古典经济学时期，对产业集聚并没有一个完整的概念和描述，但却涉及了集聚最重要的思想来源：劳动分工。古典经济学认为，劳动生产率的差异导致了劳动分工，劳动分工带来了专业化生产和贸易，并伴随着整个社会的分工，因此分工和贸易是社会财富增加的源泉（斯密，1998；李嘉图，1998）。

亚当·斯密对产业集聚的研究缺陷被冯·杜能所部分补充。冯·杜能的农业区位从成本决定论，以单个农户的最优区位选择为研究对象，在匀质空间假设下，从微观层面讨论了区位决定问题，这成为后世区域与城市经济学家的理论基础

---

[1] 成书于 387B. C.—371B. C.，具体年代不可考（陈柳钦，2005）。

（杜能，1986）。

2. 新古典经济学早期（1890s—1940s）：古典区位论

在新古典经济学发展的早期，马歇尔和韦伯分别代表了主流经济学和区位理论对产业集聚的解释，这一时期的理论是产业集聚理论两种经济学思路的源头。马歇尔认为，产业集聚的源泉是外部性；韦伯则从地区专业化生产的角度论述了产业集聚产生的过程。马歇尔的理论被胡佛继承和发展，而韦伯的"工业区位论"则补充了冯·杜能的"农业区位论"，并和克里斯塔勒的"城市区位论（又称中心地理论）"、勒施的"市场区位论"一起被并称为"古典区位论"①，并成为新古典经济学早期产业集聚理论的主要思想。

在新古典经济学发端的 20 世纪初期，由于经济学的第一次大综合，经济学有了规范的分析工具和坚实的微观基础。因此，无论是勒施还是胡佛，他们的理论都明显地比冯·杜能更具有现代经济学的特征，甚至超越了马歇尔本人对产业集聚的论述。但是，正如其在当时的进步性一样，新古典早期产业集聚理论的局限性是显而易见的。概括地说，新古典早期的产业集聚理论有以下特点：

（1）专业化生产替代分工思想。亚当·斯密（1998）和李嘉图（1998）认为，专业化生产是分工形成的基础，分工又促进了专业化生产，并增加了国民财富，因此分工和专业化是一体两面的。新古典早期的产业集聚理论表面论述的是专业化生产问题，事实上也是在论述社会分工。

（2）匀质空间假设。和冯·杜能一样，韦伯、克里斯塔勒和勒施的模型都建立在匀质空间假设上，即除了运输距离导致的运输成本之外，地区之间不存在会带来成本扰动的其他差异。

（3）新古典分析工具的运用。完全竞争假说、局部均衡分析法和规模经济和外部性概念在产业集聚理论中被广泛地运用，使产业集聚理论日渐规范和完善起来。

（4）要素流动的单向性。古典区位论在用专业化生产解释产业集聚形成的机制时，都提到了要素向中心地带（集聚地）的单向流动，也就是说早期的区位理论忽视了中心地带对周围地区的影响，这为后来区域增长理论留下了研究的空间。

3. 新古典综合时期（1950s—1970s）：区域发展理论和区域经济学

20 世纪 50 年代到 70 年代，是西方经济学的第三次综合时期，马歇尔的微观经济学和梅纳德·凯恩斯（John Maynard Keynes）的宏观经济学被完美地融合在一起，很多微观研究者的兴趣也开始偏向宏观。因此，这段时期中，产业集聚理论更多地延续了新古典早些时候韦伯、胡佛、勒施他们的研究，仍以区位作为研究对象，

---

① 此处的"古典"并非指古典经济学，而是相对现代区域经济学而言。

但在研究内容上却比之前宏大,从产业集聚产生的内在机理切换到了产业集聚对地区经济增长的影响上。20 世纪六七十年代,阿隆索(W. Alonso)和艾萨德(Isard)对之前的区域经济学理论进行了综合,产生了现代区域经济学。1977 年,新古典贸易理论的代表贝蒂·俄林(Bertil Gotthard Ohlin)获得诺贝尔经济学奖,他在《区域间贸易和国际贸易》一书中,认为国际贸易只是产业布局的一种特例,他建立了新古典框架下的一般区位理论。这个时期产业集聚理论的研究,可以被划分为与发展经济学密切联系的地区不平衡增长理论和力图将区域理论融入新古典主流框架的一般区位理论。其中,地区不平衡发展理论后来被发展演化,逐渐形成了讨论产业集聚时的一种传统:产业集聚与经济增长作用的传统;而一般区位理论的集大成者阿隆索、艾萨德和俄林则完成了以区域作为研究主体的区域经济学和以厂商为研究主体的新古典经济学的第二次融合(魏后凯,2006)。

这段时间是凯恩斯宏观经济学和新古典国际贸易理论十分繁荣的时期,因此这一时期的产业集聚理论具有以下特点:

(1)重视专业化地区分工及其效果的研究。区域经济学的精髓之一就是地区的专业化生产,地区不平衡发展理论从中心地带和外围地带的关系研究起,他们所研究的"集聚"具有普遍意义;阿隆索和艾萨德都力图总结和综合前辈学者的理论,俄林则在开放条件下分析了产业布局。

(2)清晰区域作为研究主体。如果说古典区位论研究主体还是模糊的,那么到了新古典综合时期,区域作为区域经济学的研究主体就非常确定而清楚了。

(3)匀质空间假设。这一时期的产业集聚理论,仍然不能摆脱匀质空间的假设,运输成本依然是最重要的决定区位的因素。

(4)投入产出方法和运输成本。沃西里·列昂惕夫(Wassily W. Leontief)的投入产出分析法简化了瓦尔拉一般均衡(Walras equilibrium)的形式,这被区域经济学家借鉴到了区位选择中,把区域经济作为一个整体来讨论,但这一时期的区域经济学家并没有给出一个完整的一般均衡模型,也就是没有解决运输成本的问题。

(5)要素的双向流动。地区不平衡发展理论的本质是讨论导致产业集聚形成的集聚力和分散力的大小,从而改变了原先的区位理论仅仅认识到中心对外围的影响,转而分析中心和外围之间的互动关系。

4. 新凯恩斯主义时期(1980s—):新经济地理学和竞争优势理论

Dixit&Stiglitz(1977)用不变替代弹性 (constant elasticity of substitution, CES)效用函数描述了消费者对差别化产品的需求,并以此为基础分析了多样化消费与差别化产品垄断生产的报酬递增性之间的对立统一,首次以严格的数学模型(即"迪克西特-斯蒂格利茨模型",简称"D-S"模型)解析了斯密-杨格的报酬递增思想的微观基础,将现代经济学带入了新凯恩斯时代。这个时期的产业集聚理论因为规模报酬递增和垄断竞争的假设而变得异彩纷呈起来,特别是在克鲁格曼、亨德森(J. V. Henderson)、藤田昌久和维纳布尔斯等(被称为空间经济学派或新经济地理学派)的努力下,形成了 D-S 模型的空间动态模型——NEG 模型。另一部分新经济地理学家经济学家,如 Neven、蒂斯和田渊(Tabuchi,1998)等则从霍特林(Harold Hotelling)模型出发,研究了微观主体在空间选择上的决策过程(Fujita et al.,2003)。这一时期的经济学对产业集聚的研究有以下特点:

(1)重新确立专业化分工思想在产业集聚理论中的首要地位。新经济地理的研究者们都明确地提出了地方专业化的思想,在思想性上更贴近马歇尔和冯·杜能的本意。

(2)打破了匀质空间假设。由于 D-S 模型的出现,不完全竞争和规模报酬递增称为经济学的基本假设,完全竞争和规模报酬不变前提下匀质空间之间不存在跨区域贸易的问题也就迎刃而解。

(3)重新树立马歇尔以微观经济主体——厂商作为研究主体的传统,从外部性和规模经济的角度解释产业集聚的原因。

(4)冰山理论和数值模拟。新经济地理模型解决了区域经济学多年未能解决的运输成本问题,并运用计算机技术对数值给予了模拟,第一次给出了一般均衡,尽管这个均衡方程并没有解得精确值。

另一方面,哈佛大学的波特则另辟蹊径,从国家竞争优势的角度阐述了什么是产业集聚,为什么会产生产业集聚以及产业集聚会带来什么样的影响。波特认为,国家竞争的优势来源于产业的竞争,而产业的竞争必将带来产业集聚,产业集聚的发展是一个国家竞争力的来源。从本质上说,波特的理论延续了管理战略学对产业集聚的关注传统,其分析的范式与经济学的分析方法大相径庭,但其从微观角度观察产业集聚,以及对产业集聚的深入分析却是值得借鉴和学习的。波特理论的后续研究很多,主要是和格兰诺维特(Granovetter,1985)的嵌入理论联系在一起,注重产业集聚之间的相互关系和互动机制,而这正是经济学对产业集聚的分析所缺乏的,并值得进一步深入研究。

总的来说,以克鲁格曼为代表的新经济地理理论和以波特为首的竞争优势理论是目前产业集聚理论研究中最为广泛和最为重要的理论。新经济地理将空间因素通过“冰山理论”解决运输成本问题,打破了匀质空间假设对产业集聚研究长达一百年的桎梏,构成了 D-S 扩展模型的主要方向之一,把“空间”的概念纳入了主流经济学的分析框架中,建立了动态的一般均衡模型,完成了对马歇尔开始的内生性产业集聚理论和冯·杜能缔造的外生性产业集聚理论的第三次综合。而波特的产业集聚理论则启发了管理学家对产业集聚的兴趣和智慧,用五分法构建的“钻石模型”已成为研究产业集聚无法忽视的理论模型。波特及其后来者的理论注重链网互动,即产业链和产业集聚间的相互影响,很好地补充了经济学理论中对产业集聚和外界相互关系研究的缺失。

从以上按照时间顺序对产业集聚理论的概括性回顾中不难发现,对产业集聚的分析主要可以划分为三种:

(1)外生性产业集聚理论,其核心概念为匀质空间和运输成本。在冯·杜能的匀质空间假设下,以区域作为研究对象,产业沿无差异空间线性分布的原因是运输成本的差异,也就是把外生的区位条件作为产业集聚产生的唯一源泉。在这一点上,区域经济学家,从韦伯到阿隆索、艾萨德无不以此为分析手段。

(2)内生性产业集聚理论,其核心概念为外部性和规模经济。以马歇尔的微观经济理论为基础,以厂商为研究的经济主体,从规模经济和外部性出发,解释产业集聚产生的内在原因。他们认为,产业集聚是货币外部性(pecuniary externality)和技术外部性(technology externality)共同作用的结果,这也是众多主流经济学家集中的领域。

(3)产业集聚与区域发展理论,其核心概念为地区不平衡发展和竞争力优势。地区发展不平衡理论和竞争优势理论都秉承了亚当·斯密分工和专业化生产创造社会财富的理论基调,从经济发展和国家竞争力角度分析了产业集聚对区域发展的作用。

本书将以上三种分析称为产业集聚的两种思路和一个传统,如图 2.5 所示。

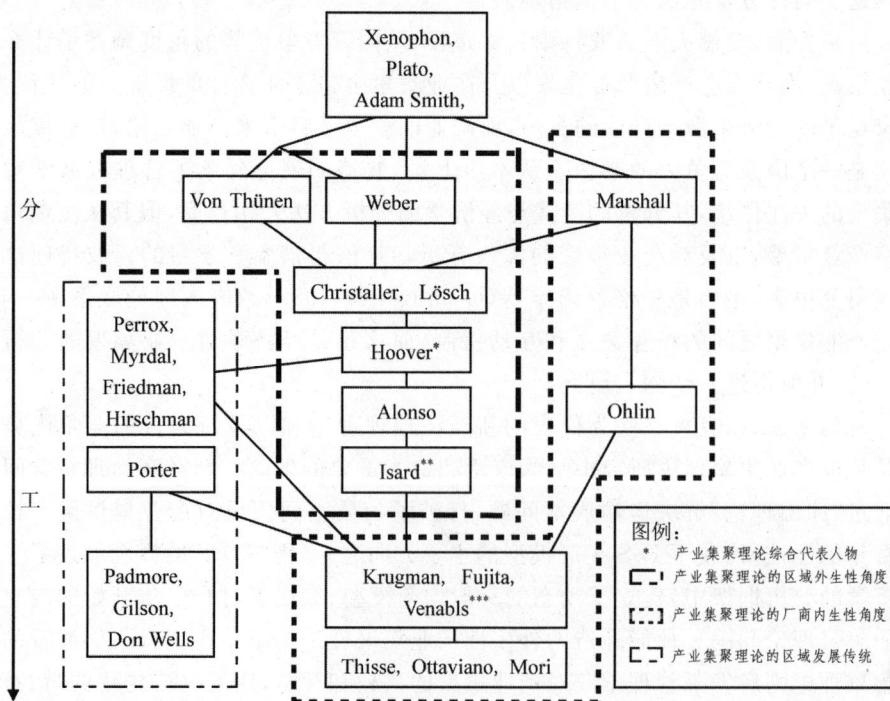

图 2.5 产业集聚理论的两个角度和一个传统

2.1.3　匀质空间和运输成本

1. 匀质空间和异质空间

在匀质空间中,需求和要素至少有一种是均匀分布的,或者地区间劳动者素质一致,土地的肥沃程度一致,但人口分布不一致;或者地区间要素禀赋不同,但人口分布和消费偏好比较一致。前者是"杜能圈"的假设基础,后者为 H-O 理论(赫克歇尔-俄林理论,Hecksher-Ohlin theory)。

以克鲁格曼为代表的新经济地理学派放松了匀质空间假设,即劳动力市场最初均匀地分布于两个地区。同时,部分生产要素可以流动,即现代部门的劳动力可以自由流动,而农业部门的劳动力不可流动。通过放松这两个假设,模型很好地反映了一个匀质空间是如何内生地变成一个具有中心(工业化中心)-边缘(农业区)结构的异质空间。经济活动的空间集聚完全是内生形成的,与外在的模型的市场分布无关。

在异质空间中,地区间不仅要素禀赋不一样,劳动者之间也有分工,同时消费者偏好也是不同的;也就是说,在非匀质空间中,地区与地区之间总有微小差异。显然,异质空间是更接近现实生活的假设。

虽然在区域问题的讨论上,匀质空间假设先于异质空间假设,但是事实上经济学对空间的假设是起源于异质空间的。亚当·斯密的古典贸易理论就是以异质空间为前提,用资源禀赋的差异作为产品流动的基础,用产品的流动来替代要素的流动。因此,匀质空间中可以要素流动,但该假设与现实生活相去太远;在异质空间中,产品可以自由流动,但要素不能流动,这已经被 Starret(1996)的空间不可能定理所证明。克鲁格曼在 D-S 模型下解决了这一悖论。

2. 线性运输成本和非线性运输成本

在提出匀质空间假设的同时,冯·杜能也提出了"运输成本"问题(表 2.2),即用运输成本的不同来区分空间差异,把运输成本假设为匀质空间中区位选择的唯一因素,拒绝了交通水平提高、要素和产品价格变动对厂商区位选择的影响。这也成为区位和区域经济理论最基本的假设。

表 2.2　冯·杜能的假设及其含义

假　设	含　义
1. 肥沃的平原中央只有一个城市,其余地区都是土质相同适合作物生长的农业地带,这个城市与外界隔绝,是孤立的	"孤立国"存在的基础
2. 马车是唯一的交通工具,不存在可用于航运的河流与运河	排除了交通技术进步对运输费用带来的扰动可能

续　表

假　设	含　义
3. 城市方圆 50 英里都是荒野,该城市是农业带中唯一的市场,是工业品的唯一来源,也是农产品唯一的流通场所和唯一的消费场所	保证了产品只能按照某个方向集中和分散,也保证了个体城市扩展的方向性
4. 运输费用同运输的重量和距离成正比,运输费用由农业生产者负担	运费和距离间的线性关系,保障了农户区位选择的可预期性
5. 农民是理性人,追求利益最大化,生产的动力是获得最大纯收益即地租水平	保证了地租水平是农户经济行为的唯一诱因
6. 市场的农产品价格、农业劳动者工资、资本的利息不变	运输费用是农户区位选择的唯一成本

新经济地理学派也对运输成本有所论述,但其与古典区位理论中运输成本的本质区别在于:新经济地理学派的运输成本是非线性的,是动态的,它对产业集聚的影响也是部分的而不是唯一的。

但必须要点明的是,尽管经济学家们一直强调"distance matters",20 世纪 90年代以来,美国的运输成本的大幅降低并未使得产业集聚程度显著提高。因此,尽管运输成本是产业集聚的前提,但对于运输成本下降导致产业集聚程度增强的观念产生了越来越多的争议①。

(1) 线性运输成本

韦伯在 1909 年发表的《工业区位论:区位的纯粹理论》,无疑是最为贴近冯·杜能的产业集聚思想。1914 年,他发表了《工业区位论:区位的一般理论及资本主义的理论》,从收益最大化出发,同样以运输费用为分析工具,对单个厂商的生产区位选择和资本主义国家人口集聚进行了综合分析。

韦伯(1997)将区位因素分成适用于所有工业部门的区域性因素(主要是运费因素和劳动费因素),以及只适用于某些特定工业的集聚性因素。运费因素、劳动费因素、集聚和分散的过程决定了企业在什么地方进行生产。这一过程可以分解为三个阶段:第一阶段,受运费这一区域性因素影响,企业选择最有利的运费地点,即运费勾勒出了各地区基础工业的基本格局;第二阶段,劳动费用作为第二区域性因素对这一网络产生修改作用,使工业从运费最低点走向劳动费用最低点;第三阶段,单一的力(凝集力或分散力)形成的集聚(分散)因素修改基本网络,使工业从运费最低点或劳动费用最低点趋向集中(或分散)于其他地点(表2.3)。

---

①　对运输成本与产业集聚之间关系的论证,Tabuchi 给出了较为全面的总结,并严格论证了两者间的倒"U"形关系,本书在2.1.3将进行详细阐述。

表 2.3　韦伯工业区位选择三阶段

阶段	作用的因素	过　　程	结　　果
第一阶段	区域性因素：运输费用	企业选择最有利的运费地点	工业基本格局
第二阶段	区域性因素：劳动费用	企业选择最有利的劳动费用地点	修改工业基本格局
第三阶段	集聚性因素	单一集聚力或分散力的作用	形成集聚（分散）

韦伯的区位模型第一次提出了影响产业布局的"集聚经济"，并用等费线的分析方法，对研究区域产业集聚、产业布局进行了计量研究。他认为，运输成本由原料指数和距离两个因素决定，并用计量的方法给予了实证，从而发展了冯·杜能单一的距离决定运输成本论。

克里斯塔勒（1998）的运输成本是通过价格杠杆影响产业的空间分布的。他首创了以城市聚落为中心进行市场面与网络分析的理论，他认为，在一个区域内，高级的中心地只有一个，次一级的中心地较多，等级愈小的中心地越多，规模越小。每一中心地的相对重要性取决于它所提供的商品和服务的数量与等级。他通过消费者购买某种商品的数量和他们准备为之付出的实际价格之间的关系，来说明"中心"的形成过程。在这里，实际价格除了商品的销售价格外，还要加上为购买这种商品来往的交通费用。显然，实际价格是随消费者选择商品提供点的距离远近而变化的。距离越短，交通花费越少，商品的实际价格越低，结果该商品的需求量也就越大；否则相反。因此，商品销售范围就变成消费者为获取商品和服务所希望通达的最远路程，或者是指中心地提供商品和劳务的最大销售距离和服务半径。这样，运输成本就成了决定要素集聚的唯一因素。

勒施（1995）的运输成本理论体现在他对产业集聚产生机制的论述中。在他的著作中，产业集聚可以分为两个层次：区域产业集聚和点集聚。区域产业集聚为依赖于市场规模经济和运输成本之间关系的节点区，也就是他所谓的"产业地带"，即同类产业区集聚，而组成"产业地带"的产业区则是指彼此相互分离的市场所能辐射到的产业集中地区，产业区属于点集聚范畴。

勒施把市场作为节点，将产业区位选择和市场联系起来，从区域均衡的角度来分析整个区域产业的配置问题。他认为，除了单位产品的运输费用之外，区域市场容量还受到消费强度、市场半径、产品价格、消费偏好、销售策略等因素的影响。这就使得运输成本不再是匀质空间中的唯一决定空间差异的因素了，而是和"先发优势（first nature）"（Krugman，1991）一起决定厂商的区位。

勒施的理论被称为"市场区位论"（魏后凯，2006），在他 1940 年出版的《区位经济学》中，他将静态均衡方法引入了区域分析，建立了区域均衡模型。他的研究从克里斯塔勒的中心区位理论出发,修改了韦伯等以单个厂商为出发点的区位论前提,而是把单个企业放入大量企业存在的产业中去研究,具备了以区域为主体的分析方法的雏形。在实证研究中,他通过平均生产费用曲线和需求曲线的交点确定均衡价格和销售量,再以此为据确定市场地域均衡时的面积和形状。在勒施的判断中,最大利润区位论的市场是蜂窝状的正六边形"面"状市场。

(2)非线性运输成本

以克鲁格曼、藤田昌久为代表的新经济地理学派(或称新经济地理学派)对运输成本非常重视。克鲁格曼认为将运输成本纳入其数理模型是新经济地理学派形成的关键之一。和古典区位论的学者一样,克鲁格曼认为,空间结构的集聚和分散是规模经济导致的收益递增和运输成本的权衡。在克鲁格曼(2000a)的中心-外围模型中,农产品运输是无成本的,仅仅考虑到工业品在中心与外围之间运输的成本。因为重点在于说明产业集聚形成的过程,因此,他把中心看成一个点,中心地区企业之间的运输成本(intra-urban transportation costs)被忽略不计,只考虑区域之间的运输成本(inter-region transportation costs),即中心地区到外围地区之间的运输成本。

与古典区位论中的运输成本不同之处在于,新经济地理学的运输成本理论是以规模经济和运输成本的权衡为主体轮廓,而不是古典区位论中,简单的线性的成本-收益思维。新经济地理学认为,运输成本在决定产业集聚的强度和地点时有重要作用。当其他条件不变时,运输成本越高,离心力越大,向心力相对较小,则产业集聚越难;运输成本越低,向心力占优明显优势,产业集聚越容易。

和克鲁格曼相反,在亨德森(Henderson,1974)对城市经济的研究中,他更多考虑的是城市内的交通运输成本。尽管和克鲁格曼一样,亨德森也认为集聚与扩散取决于规模经济与运输成本的权衡,但二者对于运输成本的理解有很大的差异,甚至是相反的。

克鲁格曼、亨德森对运输成本的认识都集中在狭义的交通运输成本上,而Fujita&Mori(2005)对运输成本进行了更加广义的界定,包括"所有因距离所引起的障碍,如运输费用本身、关税及贸易的非税壁垒、不同的生产标准、交通困难和文化差异"。可见传统的运输成本应该属于藤田昌久所说的"运输费用本身"。藤田昌久对运输成本定义的泛化使得产业集聚的研究更加成熟,更加具有现实意义。他通过模型指出,当运输成本上升时,城市规模减少,产业集聚程度减弱;当运输成本下降时,城市规模增加,产业集聚程度增强。其实,藤田昌久对运输成本的定义尽管更加广泛,但和克鲁格曼仍是一脉相承的,即只包括区域之间的运输成本,忽略了城市内部的运输成本。

田渊(Tabuchi,1998)指出,克鲁格曼忽略了城市内各行业之间运输成本,亨德森忽略了区域之间的运输成本,这可能导致分析并不全面。他假设区域之间的运输成本是可变的、内生的,而区域内运输成本是外生不变的。他通过其数理模型显示,运输成本很大和很小时,产业分散都会发生,而只有当运输成本居于中间水平时,集聚才能发生,即产业集聚和运输成本之间是倒"U"形关系。当运输成本很大时,产业集聚的向心力较小,离心力较大,产业集聚难以发生;当运输成本降低时,向心力增加,而离心力减少,因此,产业集聚开始发生;当运输成本更低时,外围地区和中心地区的运输成本的降低使得在外围地区生产的劣势相对减少,此时,经济活动从中心地区向外围地区开始扩散,产业集聚程度减少。

2.1.4 规模经济和外部性

在被用来解释产业集聚的来源时候,规模经济和外部性往往会被混淆,这种混淆来自马歇尔本人。他在论述规模经济的时候,将规模经济分为两类:内部规模经济(internal economies of scale)和外部规模经济(external economies of scale)。前者是指企业自身扩大规模,减少企业成本所带来的效率提高。后者又分两种情况:区域化经济(localization economy)和城市化经济(urbanization economy)。虽然,马歇尔将这两种情况都称作规模经济,但事实上,在现代经济学中,外部规模经济已经被"外部性(externality)"所替代,而内部规模经济才是所谓的规模经济。因此有必要对这两个核心概念进行区分和深入分析。

1. 资本外部性和技术外部性

克鲁格曼继承了马歇尔的正外部性导致产业集聚的思想,提出了自己的一个空间经济模型(NEG 模型),把规模报酬递增和不完全竞争纳入区位分析。他认为,导致产业集聚产生的区域正外部性包括了两种效应:一方面,制造业厂商倾向于在距离较大规模的消费市场距离比较短的地区建立工厂,这就是"本地市场效应"(home market effect),也叫后向联系;另一方面,产品的集中生产又会降低市场上产品的价格,增加该地区的吸引力,这就是"价格指数效应"(price index effect),也叫前向联系。前向联系和后向联系形成了一个循环累积的关系,并最终形成一个中产业集聚。克鲁格曼把它称为"中心-外围模型"(Core-Periphery model)。

克鲁格曼的"中心-外围模型"把传统区位理论、循环累积因果关系理论和本区域外部经济理论中一些基本正确的结论综合在一起,成为经济学分析产业集聚的主流框架。更重要的是,他为从勒施开始中断了的、以厂商为研究对象的产业旧理论重新注入了生机,使产业集聚理论的结论更具有坚实的微观基础,是迄今为止最具有说服力和最为主流经济学接受的综合性产业集聚理论。

在克鲁格曼之后,Ottaviano(2001),Forslid&Ottaviano(2003),Baldwin et al.

(2003)都完善了克鲁格曼的 C-P 模型。其中,Ottaviano 和 Forslid 的 FE 模型(footloose entrepreneur)是 FC 模型和 CP 模型的综合,强调了需求的后向关联和强调成本的前向关联对产业集聚形成的影响。Behrens&Murata(2007)的研究则在 Ottaviano(2001;2003)框架的基础上,加入了非贸易部门,结果发现,贸易部门仍然存在本地市场效应,而非贸易部门则出现了逆向的本地市场效应。

维纳布尔斯(Venables,1996)的模型在克鲁格曼(Krugman,1991)研究的结果中加入了产业的投入-产出关联(即垂直关联),在这样一个垂直的生产结构下,前后向关联使上下游企业容易集中在一个地方生产。Ottaviano(2001;2003)和Robert-Nicoud(2005)发展了这一模型。维纳布尔斯的模型的主要贡献在于,把产业的关联度引入了经济学产业集聚理论,为研究多个产业集聚以及产业集聚间的关系提供了思路。

亨德森(Henderson,1997)主要论述了技术外部性,认为技术外部性可以分为两个层面:一是 MAR 外部性(Mashall-Arrow-Romer externality),也叫产业内的外部性(intra-industry externalities),这种外部性表现为产业层面由于信息传播、技术溢出所导致的外部性并进而导致产业集聚;二是 Jacobs 外部性,也叫产业间的外部性(inter-industry externality),这种外部性指不同产业之间的企业位于同一区位所产生的互补性知识和经验所带来的技术外部性,强调产业外部性导致产业集聚。事实上,产业内的技术外部性来自于产业规模的扩大,即同一产业在特定区域内企业的集聚;产业间的技术外部性来自于产业间的差异性(differentiation)、互补性(complementarities),导致了不同产业的企业在特定区域的集聚。

由上所述,产业集聚是资本外部性和技术外部性共同作用的结果,值得注意的是,尽管外部性是产业集聚的前提,但这种外部性只能是位于某一特定区域的。产业集聚的必要条件就是,在一定时期内有一定的区位稳定性。如果这种外部性可以扩散开来,产业集聚就不可能形成,也就是所谓的地区锁定(lock-in)的特征。

另外,不同行业产生的外部性的强度也不一样。如劳动密集型产业主要依赖于劳动力市场共享,知识密集型产业的集聚更依赖于技术溢出,而资本-技术密集型产业更多依赖于中间产品投入的共享。亨德森(Henderson,1997)证明了高科技行业的外部性更强,而 Audretsch&Feldman(1996)则发现和劳动密集型、资本密集型行业相比,知识密集型行业的外部性是最强的,产业集聚也最明显。同时他还指出,当一个行业的 R&D 投资越多,技巧熟练型员工(skilled worker)越多,大学科研机构雇员越多,则该行业的集聚越明显。

2. 区域外部性(区域化经济)和城市外部性(城市化经济)

胡佛在 1948 年出版的《经济活动的区位》中,讨论了产业区位结构,实际上也就是产业集聚现象。胡佛发展了规模经济理论,把规模经济嵌入区位理论中,这样就为用主流经济学的方法分析产业集聚问题开辟了道路。胡佛把形成产业集聚的主要内聚力,解释为源自各种外部经济,他将这些外部规模经济分成三个不同的层次(图 2.6):① 为适应小规模多样化灵活生产,由单个区位单位(工厂、商店等)的规模决定的经济;② 为追求差异化产品,带来更大的市场需求,由单个公司(即企业联合体)的规模决定的经济;③ 为促进专业化分工以及专业化供应商发展,由该产业某个区位的集聚体的规模决定的经济。后两个层次也就是马歇尔所说的外部规模经济。

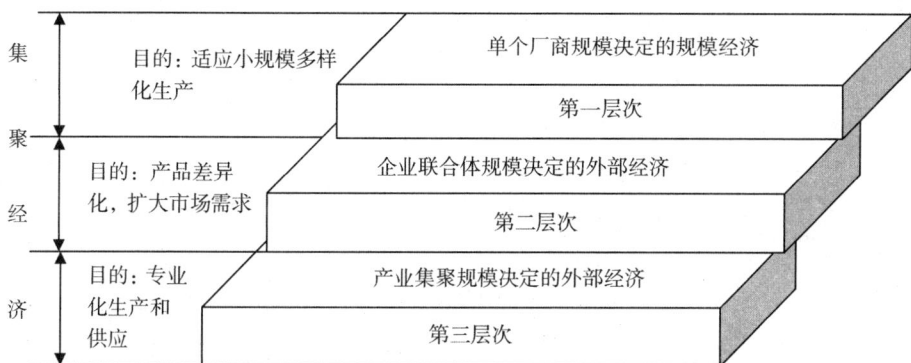

图 2.6 Hoover 理论中外部规模经济的三个层次

胡佛的后来者把后两个层次的外部性概括为:区域化经济和城市化集聚。前者指产业层面的规模经济,指在企业规模报酬不变的情况下,产业规模的扩大提高了单个企业生产效率;而城市化经济是产业间的规模经济,同样是在企业规模报酬不变的情况下,由于城市整体规模的扩大而使得企业生产效率的提高。城市化经济和区域化经济有时被认为是集聚效应的两种形式(胡佛,1990)。

此外,胡佛还从区域内部产业关联的角度,指出一个区域内部的产业之间存在着的纵向、横向和互补三种依存关系,带来了产业集聚整体的规模经济和集聚经济,形成了区域的结节区,促进区域内城市的发展。胡佛的理论完成了区域外生性产业集聚理论和厂商内生性产业集聚理论的第一次综合(如图 2.5 所示)。

艾萨德(1991)用与韦伯相似的临界等费用线相交的地点说明了企业区位集聚的倾向。他认为,区域外部性和城市外部性会借由产业规模扩张而获得,从而使一个区位的总体规模扩大,进而形成一些产业的潜在集聚地区。他用博弈论的分析方法,指出了产业中不同企业解决冲突的协商过程和合作程序。艾萨德还指出,在一个广泛的结构内,集团和个体作出决策,各种决策相互影响,出现了各种冲突,而冲突的协调过程以及各种决策的确定,都深深地受到广泛的社会、政治和文化背景的影响。艾萨德的理论把古典区位论放入一个统一的框架,并继承了胡佛理论的精髓,完成了产业集聚理论的第二次综合(见图2.5)。

亨德森(Henderson,1999)认为,比起其他城市专业化城市产业更依赖于区域化经济,因为这种以生产某种标准化工业产品为主的专业化城市,更依赖于产业内的集聚;而大都市的产业集聚则更依赖于城市化经济,因为大都市中的产业,如高新技术产业、处于产品生命中期的成长阶段的、未标准化的产业需要的是差异化的市场环境、丰富的人力资本、巨大的市场容量等。专业化城市和大都市集聚对规模经济的要求是不一样的。

2.1.5 地区不平衡发展和竞争优势

1. 传统地区不平衡发展

在现代区域经济学中集聚力被解释为:市场接近性所带来的优势,它会引起区域分异,导致现代部门向某一区域集聚的力量。扩散力被解释为:市场竞争的结果,促进现代部门扩散和产业的均匀分布(克鲁格曼,2000a)。1954年,A. W. Lewis提出了他的"二元经济结构"理论,组成了发展经济学最重要的基石。受他的影响,整个20世纪50年代区域经济学研究几乎都围绕着区域经济发展问题展开,因其分析几乎都沿袭了Lewis的二元结构思想,后世将这一时期的理论统称为"非均衡"发展理论,主要包括"增长极"理论、"循环累积因果"理论、"极化-涓滴"效应理论和"中心-外围"理论。

"增长极"理论最初由法国经济学家佩鲁提出,在他的《增长极概念的解释》中,"增长极"是一个纯经济概念,把在一定时期起支配和推动作用的经济部门(产业)称为增长极,与地域空间并无关系。而是一个或一组具有较强的创新和增长能力的推进型经济部门,它本身并通过外部经济和产业之间的关联乘数效应推动其他产业增长。1957年,J. R. Boudeville和其他许多学者一起将"极"的概念引入地理空间,并提出了"增长中心"这一空间概念,即投资应该集中于增长中心,并且增长会从这个中心向周围地区传播的观点。

通常认为,增长极对周围区域的经济发展会产生正负影响效果。① 增长极对周围区域产生的负效果是极化作用的结果。由于增长极主导产业的发展,产生吸引力和向心力,使周围区域的劳动力、资金、技术等要素转移到核心区域,从而剥夺了周围区域的发展机会,使核心地区与周围区域的经济发展差距扩大。② 增长极对周围地区产生的正效果是扩散作用的结果。扩散作用是由于核心地区的快速发展,通过产品、资本、技术、人才、信息的流动,对其他地区的促进、带动作用,提高其他地区的就业机会,增加农业产出,提高周围地区的边际劳动生产效率和消费水平,引发周围地区的技术进步。

1975年的诺贝尔经济学奖得主缪尔达尔(G. Myrdal)在他1957年出版的《富

裕国家和贫穷国家》中提出了他的区域发展观(缪尔达尔,1991)。他认为,市场力的作用一般倾向于增加而非减少地区间的不平衡。

他用回波效应和扩散效应来解释地区间发展不平衡的惯性加速度。缪尔达尔(1991)把回波效应解释为劳动力、资金、技术等在要素收益率的作用下,出现由欠发达地区向发达地区流动的现象。扩散效应发生的前提是,发达地区在回波效应的作用下,开始出现地区边际收益递减现象。在资本过剩,自然资源相对不足,环境污染等原因作用下,生产的正外部性逐渐变小,边际生产成本上升,经济增长趋缓。这时,发达地区生产规模的进一步扩大将变得相对不经济,经济增长的减速也增加了对欠发达区域产品的需求,在需求和供给的双重刺激下,资本、劳动力、技术等自然而然地就向欠发达地区扩散。

在回波效应大于扩散效应的情况下,如果某些地区由于初始优势而超前于别的地区获得发展,那么该地的发展优势将保持下去;在回波效应小于扩散效应的情况下,如果某些地区由于初始劣势而发展滞后于别的地区,那么这处发展的劣势就会被打破,而获得比有初始优势的地区更大的发展机会,这就是"循环积累因果原理"。

在缪尔达尔之后,Kaldor(1970)又提出了效率工资概念来解释循环累积效应的形成。Kaldor指出,一国之内各地区的效率工资,即货币工资与生产率的比值的大小,应该是相同的。但在发达地区,由于经济集聚引致的规模报酬递增,所以生产率较高,而效率工资较低,因而经济增长率比较高,经济增长率的提高,又提高了生产率,进而又降低了效率工资,反过来,又使经济增长率提高。如此循环累积,繁荣地区将更加繁荣,落后地区更加落后。

1958 年,美国经济学家赫希曼(A. O. Hirschman)在他的《不发达国家中的投资政策与"二元性"》中认为,如果发展中国家或某一地区不具备全面增长的资本和其他资源,那么平衡增长是不可能的。投资只有选择在核心地区,其他部门或地区才能通过利用这些核心地区的投资带来的外部经济而逐步得到发展。核心地区的增长动力主要来源于所产生的集聚经济效益,但核心区的集聚不可能无限地进行下去,因为在区域不平衡发展过程中将产生两种效应:极化效应和涓滴效应。所谓极化效应是指,发达地区和欠发达地区因为收入差距导致劳动力向发达地区迁移,投资回报差异又导致资金向发达地区流动;涓滴效应则是指,欠发达地区由于生产受到压制,大量劳动力流向发达地区,因此增加了失业人口的吸收,从而降低了劳动力成本,同时,发达地区人口膨胀,对欠发达地区购买初级产品的需求增大,发达地区也有向欠发达地区进行投资、输出生产和管理方法的需求。

赫希曼(1991)认为,在区域经济发展中,涓滴效应最终会大于极化效应而占据主导地位。原因是发达区域的发展会出现城市拥挤等环境问题,欠发达区域的落后引发的国内需求不足和资源的未充分利用将会限制发达区域的经济扩张,于是国家将出面干预经济发展,加强涓滴效应,促进欠发达区域的经济发展,以利于发达区域的经济继续增长。

弗里德曼(J. Friedman)的《区域发展政策》认为,在若干区域之间会因多种原因使个别区域率先发展起来而成为"中心",其他区域则因发展缓慢而成为"外围"。中心与外围之间存在着不平等的发展关系,总体上,中心居于统治地位,外围则在发展上依赖于中心。中心与外围之间构成了不平等的发展格局。中心的优势:中心与外围之间的贸易不平等,经济权力因素集中在中心;技术进步、高效的生产活动以及生产的创新等也都集中在中心;中心与外围的这种关系还会因为推行有利于中心的经济和贸易政策。外围的劣势:中心依靠其优势而从外围获取剩余价值;中心对它们的发展产生压力和压抑结果;外围的自发性发展过程往往困难重重,外围的资金、人口和劳动力向中心流动的趋势得以强化(克鲁格曼,2000b)。

上述理论强调的是发展对于不平衡的依赖,其理论联系如表 2.4 所示。

表 2.4　几种地区发展不平衡理论对比

区域理论	分散	集聚	力量的平衡
极化-涓滴效应理论	涓滴效应	极化效应	涓滴＞极化
增长极理论	扩散作用	极化作用	/
循环累积因果理论	回波效应	极化效应	扩散＞回波
中心-外围理论	外围	中心	中心＞外围

这些理论都没有阐述非均衡发展的合理界限问题,即对于一个社会而言,是否存在一个最优非均衡发展的"度"。如果在区域成长过程中,区域差距扩大,那将会付出因社会矛盾激化、经济停滞的高昂代价。比如,增长极理论最大的弱点就是产业之间缺乏联系效应,加上落后的基础设施,引进的增长极很有可能成为区域经济中的"孤岛",更不可能促进和带动区域经济发展。而中心-外围理论强调了长期的地理渗透效应对促进后发区域经济发展和减少区域差距的重要作用,同样也忽视了"度"的问题。

2. 新经济地理框架下的地区不平衡发展

新经济地理学派借助技术外部性,用内生性的技术进步和空间集聚模型,说明了经济增长在地域空间上必然表现为区域经济的不平衡增长。

Englmann&Walz(1995)、Walz(1996)、Martin&Ottaviano(1997)、Baldwin(1999)、Baldwin&Forslid(1999)的研究表明,技术扩散并不等于技术趋同,技术的梯度转移则表明区域间存在技术水平差距,从而导致人力及其他资本流向技术发达地区,从而使区域差异扩大。Keller(2002)在此基础上进一步研究表明,在区域经济增长过程当中,由于生产技术内生地有利于技术领先者,因此创新与技术上的差异成为导致区域经济增长速度差异的主要原因。

与传统的地区不平衡发展理论不同,由于新经济地理与产业集聚有着密切的联系,因此只要产业集聚能够发挥分工的优势和规模经济效应,发挥特殊的技术创新能力和扩散能力,吸引区域外资源流入,就能对地区经济增长产生很大的促进作用,也就是新经济地理学所描述的倒"U"形产业集聚演变趋势。

3. 竞争优势

1998 年,迈克尔·波特系统地提出了新竞争经济学的产业集聚理论①。他认为,产业集聚的核心内容对其国家竞争优势形成起至关重要的作用,原因如下:

(1) 专业劳动力市场降低了劳动力搜寻成本和交易成本;地理上的邻近降低了企业间的协调成本和运输成本;公共品和准公共物品(Quasi-public goods)的共享以及集聚内企业之间的竞争及相互模仿,推动了成本的下降与操作方法的优化。上述四个方面提高了产业集聚内企业的生产率,使每个企业在不牺牲大规模企业所缺少的柔韧性的条件下,从集聚中获得益处。

(2) 企业之间通过相互学习改进了技术、机器及部件的适用性,以及服务与市场观念;精明的买主与"市场窗口"的性质有助于企业看清楚市场;本地的供应商与合作者也卷入了创新;发生在产业集群内的竞争压力、潜在压力(peer pressure)和持续的比较(constant comparison)也构成了产业集群的创新动力。在这几个因素的交互作用下,产业集聚能够提高集产业集聚内企业的持续创新能力,并日益成为创新的中心。

(3) 产业集聚内的企业与一个孤立地区的企业相比,更容易生长。因此,产业集聚能够降低企业进入的风险,促进企业的产生与发展。

波特理论的创新之处在于将产业竞争优势决定因素与地理集中因素结合起来研究,从竞争优势的角度为产业集聚的形成机制提供了一种解释,并从更注重产业关联度的角度很好地补充了经济学中产业集聚理论在这方面的缺陷。波特的竞争优势理论在一些方面也受到批评,如邓宁(Dunning,1998)认为,竞争优势理论过分强调国家和区域政府在产业国际竞争中的作用,并把复杂的经济活动因素简单地构造成四个基本的要素,而且忽视了跨国的贸易活动对"钻石模型"的影响。

---

① 波特第一次提出"产业集群"的概念,并在(Porter,1990)中初步论述其与地区竞争优势,在(Porter,1998)中则系统分析了产业集群是国家竞争优势的来源。

2.2 分工思想的演进

2.2.1 古典经济学：斯密定理

亚当·斯密在《国富论》中提出了所谓的斯密定理，即"劳动分工受市场容量的限制"，表达了其关于分工与市场范围关系的基本观点。斯密认为，只有当对某一产品或服务的需求随着市场规模的扩大增大到一定程度时，专业化的生产者才能实际出现和存在，分工也才会细化和实现其经济意义，并且随着市场范围的进一步扩大，分工和专业化的程度也将不断提高。反过来，如果市场范围没有大到一定程度，即需求没有多到使专业生产者的剩余产品能够全部卖掉时，专业化生产者不会实际存在。因此，斯密定理可以反过来表述为市场规模的扩大是分工发展的必要条件。历史地看，斯密定理暗含着市场扩张先于分工发展，也就是说，可以用市场扩张说明分工发展，但不能用分工发展说明市场扩张。

2.2.2 新古典经济学：对分工理论的偏离和回归

1. 马歇尔的分工思想

对于斯密定理造成的困境，马歇尔无法在同时兼顾报酬递增和竞争广泛存在的前提下给出解释。因此，他提出了"外部规模经济"的概念。他认为："我们可以把因任何一种货物的生产规模之扩大而发生的经济分为两类：第一是来源于这产业的总体发展水平的（规模）经济；第二是取决于从事这个产业的个别企业的资源、组织和经营效率的经济。我们把前者称为外部经济，后者为内部经济"（马歇尔，2001）。

此后的主流经济学都是在既定"外部规模经济"的组织结构下，研究以价格为核心的资源配置问题（杨小凯，1994）。随着边际分析方法的日渐成熟，土地、资本、劳动等生产要素对生产贡献的分解吸引了大部分经济学家的注意力，而经济学的初始问题如组织与报酬递增却被大大地排斥了。

2. 杨格定理

杨格继续了斯密的研究（1913；1928），并在规模报酬递增的假设下认为，不但分工水平依赖市场容量，反过来市场是由所有人是否参加分工的决策决定，所以它又由分工水平决定。也就是说，分工和市场容量是相互决定的，斯蒂格勒将其称为"杨格定理"（Stigler，1951）。

杨格清楚地指出了分工经济效应是溢出（spill-over），与全部均衡机制中所有变数的相互依赖有关。他明确指出,用规模经济概念代表分工的溢出是误入歧途。一个工厂规模的大小可能与工厂内的分工水平无关,一个大而全的工厂,可能工厂内每个工人都从事很多专业,因而工厂内分工水平可能很低。而多个小而专的工厂却可能与社会的高分工水平有关。因此分工需要用每个人的专业化水平、全社会专业多样化程度和生产迂回链条长度等多个变数来描述。

尽管杨格认识到,厂商规模与分工水平并没有必然的联系,而且也承认了规模报酬递增对于经济的作用,但是杨格并没能将不完全竞争这种市场结构与分工间的关系系统地联系在一起。

3. 斯蒂格勒的分工理论

斯蒂格勒(Stigler,1951)进一步发挥了杨格定理,并将该定理从解释个人分工和专业化,转向侧重于从专业化分工、产业成长和市场规模扩大联系起来的角度认识企业和产业,并试图解决斯密定理中"如果劳动分工受市场容量的限制,那么大多数产业结构都是垄断的"这一两难困境。

斯蒂格勒的办法是将整个社会生产过程看作是规模经济的,而其中的各个生产环节却不一定是规模经济的。因此,在垂直解体的背景下,并不是所有厂商都拥有规模经济效应,并非所有产业都是垄断的。具体而言,斯蒂格勒将企业的生产活动分解为一系列不同的环节(distinct operations):采购与贮存原材料,把原材料转换为中间产品,把半产品转换为最终产品,贮存与销售最终产品等。不同的生产环节具有不同的经济性,有些活动是收益递增的,有些则是收益递减的,还有些是先增后减。他假定各项活动的成本互不相关,且每项活动的产出与最终产出之间的比例固定,则上述各项活动的成本曲线分别是下斜的、上斜的和"U"形的,它们加总得到"U"形的整体平均成本曲线。那么,对于收益递增的活动,企业为什么不深化分工,扩大生产加以利用呢?斯蒂格勒认为,这是由于社会上的另一些活动是收益递减的,如果加深分工,会提高这些生产环节的成本,致使总成本曲线进入上升阶段,因而整体生产便会不经济;对于那些收益递减的生产环节,企业之所以不将其交给其他专业化厂商去做,原因在于这些活动的固定成本相对于其市场规模而言太高了,无法支持专业化厂商的存在。

随着产业的成长,收益递增活动的市场容量渐渐扩大到足够支持专业化厂商的生存,则生产最终产品的企业会把这部分活动交由专业化厂商去生产。随着这个新产业成为竞争性产业,原有企业的生产成本曲线会绝对下降,从而在一定幅度内取得规模报酬递增的好处。其他生产活动也会经历类似的专业化过程,这样原有企业乃至整个经济活动都可以不断获取专业化收益递增的好处。这就是斯蒂格勒(2006)的产业生命周期理论。

斯蒂格勒对于整个分工理论的贡献是显而易见的,他是第一个证明了分工和规模报酬递增相容的经济学家。但在论证过程中,斯蒂格勒把规模经济和专业化等同起来,在他的新古典框架中,他的模型建立在行为特点(activity-specific)生产函数下,对不完全竞争的情况也没有足够重视。

2.2.3　新兴古典经济学:杨小凯的分工理论

杨小凯(Yang,2001)全面综述了以规模经济概念为基础的新古典经济学与以分工的溢出概念为基础的新兴古典经济学之间的异同。他提出,如果分工通过劳动市场在企业内发展,每个工厂就会雇越来越多的人,因此生产力和厂商规模会同时增加。但是如果分工通过产品和服务市场在工厂之间发展,则每个工厂越来越专业化,不同专业的工厂种类增加,工厂规模缩小,而生产率上升。也就是说,厂商规模与分工无关,这意味着如果劳动的交易效率改进得比产品交易效率慢,则厂商平均规模随分工发展和生产率的提高而变小。

杨小凯理论的核心是个体的专业化,从而修正了斯蒂格勒对于社会整体的规模经济和企业个体的专业化生产进行了区分。他认为,专业化提升了生产率,增加了总体产量,扩大了市场范围。个体的专业化选择集合就是分工网络,可以说他的思想非常复古,但是分析手法却是正统的、严格的,用规范的经济学范式对分工理论进行了系统的分析。其理论的核心在于两点:① 纠正了斯蒂格勒对规模经济和专业化认识上的偏差,使专业化和规模经济得到了正确的诠释,回归到杨格对二者的解释上;② 严格证明了分工和厂商规模之间的无关性,彻底解决了斯密定理中的两难困境。从而将分工思想带入一个的新的发展阶段(杨小凯和黄有光,2001)。

2.2.4　小结

从斯密-杨格定理,到杨小凯的新兴古典分工理论,经济学家对分工理论的研究围绕着市场容量与分工之间的关系展开,着重于讨论市场结构或者说厂商规模对于分工的作用,而忽视了分工作为产业集聚形成中的根本作用。正因为此,对产业集聚来源的讨论只能行至规模经济,而对产业集聚引起地区竞争优势的讨论也缺乏微观机制的描述。当回顾了分工对规模经济和地区竞争优势的影响,对产业集聚间关系的讨论也便顺理成章地成为必然之问题。因此,必须将产业集聚和分工思想结合在一起考察,系统分析分工与产业集聚形成的内在机理,才能从根本上解释产业集聚间分工的内在机理,进而正确认识产业集聚发展为产业带,并发展为地区竞争优势的问题。

2.3 分工和产业集聚

产业集聚的理论渊源可以追溯到古典经济学的理论基石——分工。因此,要讨论产业集聚,首先要讨论的是一切经济活动之源:劳动分工。分工是人类提高生产率的一个十分重要的手段,其理由有三:① 专业化分工节约了人们从一种活动向另一种活动转换的时间;② 通过重复同一种工作,会使人们更为熟练;③ 专业化分工为发明创造提供了肥沃的土壤。所以,当分工的层次从技术分工,上升到社会分工、产业分工和区域分工的时候,上述四种分工就形成一个分工系统,系统内各种分工相互作用、相互影响,共同促使企业的专业化生产、社会的规模经济和地区的竞争优势的形成与发展。如果分工系统内的众多企业集聚在一个固定区域,那么这个区域就很容易产生产业集聚。但"产业集聚"却不为研究分工理论的大家所重视,他们的注意力集中在产业的组织上,重视专业化生产,而忽视了产业在地理上的"集聚"生产。在杨格(Young,1928)严格证明了斯密定理后,斯蒂格勒又从迂回生产的角度验证了市场规模和劳动分工之间的关系(Stigler,1995),随后杨小凯(Yang,2001)又在不完全竞争的假设下,对斯蒂格勒的模型进一步进行了修正。

区域经济学以分工为基础,认为产业集聚产生的原因是比较优势,贸易的实质是要素流动,是地区专业分工的结果。而亚当·斯密用绝对优势解释了专业分工是一国国民财富增长的源泉,用今天的眼光来看,斯密的社会分工是以区域为主体的劳动分工,也就是地方专业化,一定意义上等同于产业集聚。所以专业化生产和规模经济、专业化生产和分工、规模经济与分工间存在着千丝万缕的联系,以至于在谈到产业集聚时,在这三者中的论述往往出现夹杂不清和含混,因此有必要首先对这三者关系进行回顾和梳理,在后面的实证研究中,还将进一步深入分析。

另外,在产业集聚理论的研究中,由于马歇尔对规模经济的含混表达,和最佳内部规模经济的难以测度,使得新古典经济学把对产业集聚的研究兴趣集中在了外部规模经济这一派生概念上,并导致了经济学主流对产业集聚现象近乎50年的研究停滞期,更遑论"分工"这一产业集聚起源。20世纪90年代,对集聚经济解释最为著名的两个流派:克鲁格曼发端的新经济地理学派和波特创建的竞争优势学派开始形成。克鲁格曼的新经济地理学派尝试将主流经济学的理论运用于产业集聚的解释,在不完全竞争和规模报酬递增的假设下建立有关产业集聚的一般均衡。藤田昌久、雅克-弗朗科斯·蒂斯和维纳布尔斯这些经济学家都在D-S架构下,对产业集聚理论作出了贡献。竞争优势学派则以微观的视角分析了产业集聚产生的原因和内在机理,并认为产业集聚是国家竞争优势所在。

对此,区域经济学把对产业集聚的研究换了个角度,以区域为研究主体。上述问题就可以被归结为某地区为何会吸引某产业在该地进行集聚性生产,又会为该地带来什么样的影响的问题。这样一来,本来归结到产业组织学、企业战略理论的问题又可以被区域经济学所解释,产业集聚的理论外延也就随之扩展了。冯·杜能和阿尔弗雷德·韦伯为首的区位论、由佩鲁、卡尔·缪尔达尔、约翰·弗里德曼和阿尔伯特·赫希曼的理论共同构建起的区域不平衡发展学派,以及沃尔特·艾萨德为主要代表的现代区域经济学等都属于产业集聚理论的范畴之内(表2.5)。

表 2.5 各学派对产业集聚各核心概念的论述

学 派	分工思想	规模经济	运输成本	地区优势	产业集聚间关系
产业组织理论	√	√	×	×	×
区域经济理论	×	×	√	√	×
新经济地理	×	√	√	×	×
竞争优势理论	√	×	×	√	×
企业网络理论	√	×	×	×	√

上述理论流派尽管切入点不同,分析手段不一,主要结论不尽一致,但有一点却是殊途同归的,即研究单个集聚的形成机制和所导致的区位优势,而没有对集聚之间的关系进行深入分析。这种显而易见的缺陷和不足,都源于对产业集聚中分工思想的认识不足,这在全球化背景下,生产的网络化和价值链的扩张趋势日益明显的今天是存在严重不足的。因而越来越多的学者把注意力放到了研究企业的全球价值链网络乃至产业集聚间的分工关系上。

2.3.1 专业化和分工理论

分工和专业化往往被当作一个问题的两个方面,《新帕尔格雷夫经济学大词典》对专业化的定义是,在分工的基础上,把一些生产过程、产品制造和工艺加工过程等从原来的部门或企业中分离出来,形成新的部门或企业的过程,就是专业化。可见,随着生产的发展和科学技术的进步,社会分工越来越细,生产专业化程度也将越来越高。比如,从农业部门中分离出来的种植业,又形成水稻、棉花、油料等专业化生产;从加工工业中则分离出机械工业、冶金工业等。生产的专业化,可以更为方便地组织大批量生产,实行产品和零部件的标准化、通用化和系列化,便于新技术、新工艺和高效设备的采用,提高机械化、自动水平,提高企业管理和职工技术水平。生产专业化有一个由低级向高级发展的过程,主要指标有专业化部门数目的多少,专业化部门越多,专业化水平也越高。

按照斯密的观点,专业化经济是分工的基础。分工以专业化为基础,但又不同于专业化,如果所有个人都从事同一专业,那就没有分工。分工是一种组织结构,在这种结构里不同的人从事不同的专业。盛洪(1992)把专业化定义为"一个人或组织减少其生产活动中的不同职能的操作的种类,或者说,将生产活动集中于较少的不同职能的操作上"。同时,他把分工定义为:两个或两个以上的个人或组织将原来一个人或组织生产活动所包含的不同职能的操作分开进行。这样就把分工和专业化区分开来了。因此,专业化和职业的多样化是分工的两个方面。专业化与分工是紧密联系不可分割的一对概念。

2.3.2　规模经济和分工理论

马歇尔(Marshall,1890)是第一个把规模经济和产业集聚联系在一起,并系统地分析了产业集聚形成机制的经济学家。马歇尔认为,产业集聚的产生是因为存在着规模经济,Krugman(1991)对其集聚理论进行了概括,认为马歇尔所论述的规模经济对产业集聚的影响,表现在能为在此产业区内的厂商带来如下正外部性[①]:

(1) 技术外溢(technological spillover):马歇尔认为,产业区的存在有利于新思想、新知识和新技能在该产业区的厂商之间传播和应用,因为信息在当地流动比远距离流动更容易。按马歇尔(2001)的原话来说,"如果一个人有一个好的思想,会被别人采纳,这个思想又与他们自己的建议结合起来,因此它又成为新思想的源泉。"

(2) 充足的劳动力(labor force pooling):产业区内集聚了许多潜在的劳动力需求和潜在的劳动力供应,从而形成了可供产业区内所有相关厂商共享的劳动力市场,这种潜在的供需关系又加强了既有的产业集聚。产业区的存在降低了工人的失业概率,也节约了劳动力搜寻成本,确保了厂商无论是在"好时光"还是在"坏时光"都能有充足的劳动力供应。

(3) 大量中间产品(specialized intermediate goods):由于产业区内的厂商往往是同类企业或者具有产业相关性,因此厂商容易在产业区内找到比产业区外更多种类、更低成本的该产业专用中间产品。"……附属行业在附近成长起来了,为产业中心提供工具和材料,组织交通,在许多方面有利于经济地使用原料"(马歇尔,2001)。

---

① 马歇尔本人并未论述产业集聚产生的原因,而是论述了产业集聚对经济体的三个影响因素(如文中所列)。自 Krugman(1991)后,一般把这三个影响因素作为马歇尔对产业集聚源泉的探讨。

技术外溢被称为技术外部性(technological externality),其特点是,区域内的技术和知识,不具有占有上的排他性(exclusive possession),容易被传播和为他人所获得。大量的劳动力和中间产品共享则被称为资本外部性(pecuniary externality),其特征是本企业成本降低,而其他企业也并没有因此而减少其效率。

尽管马歇尔的本意是强调,分工与专业化形成的各部门之间的相互依赖、相互促进的关系的总和,但他的努力并没有成功。正是由于马歇尔的研究兴趣向外部规模经济转向,古典主义的分工思想在新古典主义的冲击下湮灭了,使原本建立在社会分工基础上的规模经济与分工思想渐行渐远。

2.3.3　规模经济和专业化生产

斯蒂格勒(Stigler,1951)在研究市场容量和劳动分工关系时指出,"规模经济理论主要讨论所有生产性服务合理组合的使用规模和企业产出率之间的关系"(斯蒂格勒,2006)。他认为,规模经济本身就是经济组织理论的一个基本组成部分。而事实上,当马歇尔在他的《经济学原理》(Marshall,1920)中谈到规模经济时,是这样定义产业集聚(在该书中马歇尔将其称为"industry district",产业区)的:以分工为基础的产业在某一地区的集聚。他认为,规模报酬不变的厂商选择在某一产业区的集聚是为了追求社会的规模报酬递增(马歇尔,2001)。显然,马歇尔对规模经济的定义是针对整个社会的;也就是说,在马歇尔的理论中,厂商生产是否具有规模经济与整个市场能否实现规模经济是无关的。在这里,斯蒂格勒却将其误解为厂商层面的概念,也由此引起了关于规模经济和专业化经济的诸多混淆。

2.3.4　小结

由此可见,在现有的文献中,并没有哪一个学派真正清楚地论述过专业化生产、规模经济和分工之间的关系,因此也就没有现成的关于产业集聚间关系的文献可供参考。本书在接下来的篇幅中,将首先对以上概念和理论的种种混淆和误解进行解析,并试图在一个清晰的概念体系下,在微观层面上厘清产业集聚间相互影响和相互作用的机制,及其在形成地区竞争优势中的核心作用和演化路径。

2.4　新经济地理学:来自中国的实证研究

国内外的学者通过对中国数据的分析,研究了中国产业集聚的空间分布,探讨了集聚的成因,并分析了集聚的效应。在中国政策因素对集聚的影响,集聚对地区发展差异化,要素流动和市场一体化的影响,以及对外开放和城市化等问题上形成了研究热点,这些立足于中国实际的研究为中国经济的转型和发展研究提供了新的理论视角,为产业政策和区域政策的制定提供了新的理论依据,也为拓宽新经济地理学的研究领域提供了理论和现实相结合的新角度。

2.4.1 产业集聚的空间分布研究

1. 对制造业空间分布的研究

由于制造业整体数据的易得性和集聚的显著性,对制造业的集聚研究是在产业集聚现状研究领域最具有代表性的研究。在这一类的研究中,研究者大多使用区位熵和区位基尼系数等比较成熟和完善的定量分析工具,利用两位数制造业和三位数制造业数据,计算中国制造业的空间集中情况。得到的计量结果基本都能支持常识,主要结论集中在以下两方面:① 中国的工业集中度整体呈上升趋势,特别是在改革开放之后;② 制造业发展的地区差异明显,地域分布很不平衡,江苏、广东、山东、浙江、上海五省市集中度很高,而西部边远地区则远远落后,两极分化严重,原因可以归结为东部沿海地区具有对外开放,交通便利和基础设施完备等优势,以至于制造业集中度远远高于全国平均水平和中西部地区。

Wen(2003)使用了第二和第三次工业普查数据,研究了中国制造业的集中状况,发现1995年中国制造业在几个沿海省市高度集中。通过比较1980、1985和1995年的集中水平,她发现中国的制造业在改革开放以后,集中水平有了显著的提升。计量检验支持新经济地理学的理论,且表明中国正处于集聚动态变化倒"U"曲线的上升时期。张同升等(2005)利用1980—2000年中国制造业的工业增加值数据,计算并分析各行业的区位基尼系数及其变动趋势,判断不同制造业在省区之间分布的不平衡性及其变化趋势。罗勇和曹丽莉(2005)利用Ellison和Glaeser建立的产业地理集中指数和自定义的五省市集中度,对中国20个制造行业1993、1997、2002、2003年的集聚程度进行了精确测定。结果表明,1993—1997年集聚程度有所下降,1997—2002—2003年集聚程度呈增长趋势,集聚程度的提高是主要的变动方向和发展趋势;从总体上看,制造业的集聚程度与工业增长表现出较强的正相关性。贺灿飞和谢秀珍(2006)则采用基尼系数,测算了1980—2003年中国各省市两位数制造业的地理集中状况,发现大多数产业在20世纪80年代趋于分散,而在90年代又趋于集中,而且各省区的产业结构呈现多样化。

2. 集聚的成因研究

区别于传统经济地理的自然禀赋依赖理论,空间经济学在研究集聚时更多以一地区的企业数量、消费者需求、运输成本、人力资本优势等新经济地理因素为参考,强调内生变量对集聚形成的作用。除了上述因素之外,在中国,政策因素显然也是重点考虑对象之一,是 Krugman"历史的偶然事件"中最能具化和衡量的因素,其中又以对外开放度和地方保护主义等几方面的分析最为典型,对外开放促进了要素的国际流动和国内与国际市场的一体化,而打破地方保护主义则有力地推进了国内要素的流动和国内市场的一体化。

另外,空间经济学认为,后发优势比先发优势更具有说服力,尽管在工业集聚的形成和发展中,自然禀赋和路径依赖具有显著的影响,但市场容量、运输成本、政策因素才是影响制造业集聚更为重要的条件,国内的实证也都证实了这种预测。

(1) 市场结构和市场规模。魏后凯(2002)从市场集中的角度阐述了中国制造业市场结构问题,他认为,适度的寡占型市场有利于合理竞争和提高产业竞争力,有利于制造业的整体发展,也有利于市场进一步集中。徐康宁(2001)认为,产业集群是产业发展的一种内在规律,和经济的开放程度有很大的关系。中国的产业集群和市场供给范围的扩大有关系,一般直接表现为有很强的出口能力。在开放经济的条件下,如果合理运用产业要素变动和经济地理变迁的有利因素,可以在不太长的时间内加快产业集群的发展,发挥产业集群的效应,提高产业效率,提高中国产业的国际竞争力。

(2) 要素流动。陈建军(2005)则通过对长三角区域经济一体化时间序列下的上海和周边区域间经济关系的起伏过程的分析,揭示出长三角区域经济一体化的内在动力。他认为,所谓区域经济一体化,主要是指由区域内部各次区域间商品和要素流动密度不断增加而产生的区域整体化趋势增强的过程和状态,在这个过程中,由改革开放和区域经济发展内生出来的产品和要素的跨次区域流动便成为最主要的因素。陈良文和杨开忠(2007)也部分证实了生产要素流动对集聚形成的内生作用。他们将要素流动和集聚经济效应纳入一个统一的框架下来考察中国区域差异的变化情况,通过将外部规模经济效应纳入新经济地理学模型,建立了同时涵盖外部规模经济效应、本地市场效应和要素流动的集聚经济模型。数值模拟的结论显示,在要素流动条件下,当外部规模经济效应和本地市场效应达到一定水平时,经济活动趋于完全集聚是稳定均衡,说明集聚经济效应会促使区域差异不断拉大。

(3) 运输成本。林理升和王晔倩(2003)通过构建经济地理的分析框架,分析了运输成本和劳动力流动在中国特有条件下的作用机制。他们认为,运输成本差异形成了制造业在沿海地区的选址优势,而这一优势和目前较高的劳动力流动成本一起,形成了沿海高成本压力而内地收入低下的新空间"二元"结构。同时,他们计算了区域经济的实际数据对这一机制进行印证。他们认为,假如这一局面继续维持,它将妨碍沿海和内地产业分工与均衡发展。他们还认为,因为经济集中的趋势是内生的,所以平衡区域经济发展的政策取向应该是促进性而不是限制性的。

(4) 政策影响。除了新经济地理因素之外,在对中国的实证研究中,经济学家们特别观察了经济政策的影响。尤其是 1978 年改革开放以来,经济体制上的改革和经济政策上的开放齐头并进,为产业集聚的形成奠定了基础,因此对开放程度的研究便首当其冲。Fujita&Hu(2001)的研究,是最早用空间经济学对中国的对外开放问题进行实证的研究,他们用 GDP 和工业产值数据研究了 1985—1994 年中国的地区差距问题。他们发现,这个时期地区差距的扩大部分是由于中国实施了倾向于沿海地区的经济政策,地区间的要素流动不但不能使得区域发展差异趋于收敛反而趋向扩大,是这个时期全球化和经济市场化的结果。这与国内学者的观点一致。之后的实证研究也都暗合了中国产业集聚和对外开放程度的关系。金煜等(2005)使用新经济地理学的分析框架,利用 1987—2001 年省级面板数据研究了导致中国地区工业集聚的因素,以对外开放程度和政府参与经济程度来衡量经济政策的影响。他们的结论是,经济开放政策和政府参与经济活动的弱化都有利于工业集聚。

在消除地方保护主义对经济集聚的贡献研究方面,Bai et al.(2004)使用动态面板数据的方法发现,利税边际越高从而受地方保护的倾向性强的行业,其地理集中程度也越低。黄玖立和李坤望(2006)延续了这一研究思路,剖析了中国地区专业化和产业分布的典型事实及影响因素。他们发现,从 1980—1997 年,对外贸易中不同的地理优势和地方保护主义显著地影响了中国的产业布局,地方保护主义所导致的市场规模也成为对产业集聚有重大影响的因素之一。

上述研究通过理论和实证分析,阐释了为什么市场结构、要素流动、对外开放、运输成本和政策因素等是构成集聚产生的重要原因,实证结果也暗合了空间经济学的重要假设。但目前国内对集聚经济产生的内生机制的研究尚在起步阶段,定性分析偏多,定量分析中对集中度决定因素的计量估计不足,逻辑证明多于定量证明。

2.4.2 区域经济发展研究

从集聚的集聚效应和扩散效应角度来研究区域经济发展,是新经济地理学关心的热点问题之一,引起了经济学家和地理学家的共同关注。尤其随着长三角、珠三角、京津唐以及泛长、泛珠地区的崛起,中国区域经济一体化正以前所未有的速度发展着,因此,在中国当前经济状况下研究新经济地理学中对于区域一体化的论述,具有天然的实证检验土壤,也是未来区域经济学研究的重要方向之一。

在新经济地理学理论中,当一地区的一体化水平从低级阶段向中级阶段发展时,该地区的产业集中度将是上升的;而当一体化水平从中级阶段向高级阶段发展时,该地区的产业集中度反而会下降,即著名的倒"U"形曲线(Fujita et al.,

1999)。正是基于该理论与中国现实的高度吻合性，国内对区域差异和地区经济发展的研究也开始转向新经济地理学和新经济增长理论相结合的思路，主要聚焦的问题包括：地方专业化、产业带和城市群的形成以及区域经济一体化等；强调经济发展依赖于经济体系的内部力量，重视科技创新，知识外溢、收益递增、经济开放、劳动分工和专业产业化产业区等对区域经济发展的内生作用；主张通过提升区域核心竞争力消除区域差异，促进区域一体化。

王辑慈等(2001)的《创新的空间》一书，是国内较早全面系统介绍国外研究集聚现象成果的著作，它论证了集群和创新对区域经济发展的作用，为研究区域经济发展的国内学者打开了新思路。陆大道(2002)在分析空间集聚和空间扩散导致"点-轴系统"空间结构形成机理的基础上，阐述了"点-轴系统"理论与增长极理论及网络开发模式之间的关系。梁琦和詹亦军(2006)在对长三角 16 个城市 1998—2003 年数据分析和计算的基础上得出结论：地方专业化有利于弱化垄断，强化竞争，引致产业升级和区域经济一体化。金祥荣和朱希伟(2002)以浙江省中小企业在特定地理空间大规模集聚形成的专业化产业区为切入点，假设任何两个产业的发展都存在产业特定性要素和重叠性要素的竞争，探讨了专业化产业区的生成机制，用产业特定性要素在特定地理空间的大规模集聚解释了专业化产业区的起源与演化。范剑勇(2004)以长三角为案例，通过一系列衡量地区专业化水平、行业集中度的指标计算证实了新经济地理学的理论预期：一体化必然带来制造业的空间转移和地区结构差异性增强。他认为，浙江与上海参与长三角内部地区分工的程度明显高于江苏：上海通过转移劳动密集型产业并专业化于资本技术密集型、港口型、都市信息型等极少数产业，降低了其在该区域内的总制造业份额；浙江正稳步吸收上海与江苏转移出来的劳动密集型行业，从而增加了其制造业份额；江苏通过吸收和释放持平而基本保持其制造业份额不变。

2.4.3 总结与启示

新经济地理学作为一门新兴学科，对中国这样一个国土辽阔、地区间发展差异明显，且正处于经济体制和发展方式转型的历史过程中的国家来说，具有广阔的应用前景，已经成为国内学者的共识。多年来，通过中国学者结合中国问题的研究，特别是在产业集聚的成因、集聚和区域经济发展、集聚和区域经济一体化等重大问题上的结合实际的研究，新经济地理学自身的应用价值和发展前景也进一步明朗化了。

(1) 关于产业集聚的成因研究。Krugman 认为，集聚形成是由于"历史的偶然事件"，不同地区形成集聚各有其原因，因此是不可被普遍解释的，他所强调的是集聚地区的"自我增殖"过程，并用这一过程中的市场规模和结构、要素流动和交通成本等因素来解释复杂的集聚成因问题。而在中国的实证研究中,学者们通过研究中国的集聚,尤其是产业集聚,打开了"历史的偶然事件"的黑箱。他认为,在中国,最重要也是最具有普适性的"历史的偶然事件"也许是政府政策。有利集聚的政策因素包括:对外开放程度的提高和地方保护主义的打破等,这些有利因素促进了要素的区域间流动和统一市场的形成,又能反过来佐证 Krugman 关于集聚成因的理论。

(2) 关于集聚和区域经济发展,特别是区域经济协调发展的研究。通过对中国数据的实证分析发现,中国目前的集聚处于倒"U"形曲线的上升阶段,即地区集聚效益增强的阶段,换句话说,也是地区间发展差距拉大的阶段。因此,国内大部分学者都认为,消除地区间发展差异,就必须尊重地区发展的现实,虽然集聚在一定程度上不可避免地会扩大区域间的发展差距,但当过了这一倒"U"形曲线的上升时期,集中度就会下降,集聚的扩散效应就将凸现出来,区域差距将会缩小。因而在短期内,过分强调区域均等化发展是不可行的;从长期看,应该促进发挥集聚扩散效应,引导区域内部力量来消除地区差异。这些研究为区域政策的制定提供了新的视角。

(3) 关于区域经济一体化和产业集聚的关系研究。这是国际新经济地理学关注的弱项。由于中国处于转型过程中,特别是目前正处于从改革开放之初形成的"地区分割、财政分权"要素割据状态开始走向市场一体化的过程中,区域经济一体化以及由此带来的要素流动和城市群的形成与产业集聚的关系就成为中国新经济地理学研究的焦点。从这一点出发,也许能衍生出一片具有中国特色的新经济地理学研究的新领域。

另一方面,我们认为,国内研究可以在以下几个方面进一步深入:

(1) 对新经济地理学的理论研究领域。国内的研究遵循了与国际新经济地理学发展前沿不同的轨迹,以实证研究为主,而理论研究则相对较少,特别在对 NEG 模型上的创新性甚少,较多的是对国外理论研究的回顾梳理和对国际最新进展的介绍。在这方面,曾道智和朱希伟(Zeng&Zhu,2007)作了有益尝试,他们将旅游业和工业集聚放在一起考虑,在 NEG 模型中新增添了一个无贸易商品部门(nontraded good sector),考察其对深化工业化(pro-industrialization)和去工业化(de-industrialization)的双重作用,并作了福利分析。

(2) 对集聚微观层面的研究。国内研究中,产业层面的研究明显多于微观和区域层面的研究。在实证研究中采用的数据大部分都集中在了二位数制造业上,而结论也往往只用来说明产业层面的问题。如在对外开放度的研究上,都一般地延续了 Fujita&Hu(2001)提出的中国产业集聚模型的研究思路,而忽视了对要素流动、市场规模等方面的研究。而事实上,要素流动、企业组织和市场结构这些因素恰恰是新经济地理学的微观基础,是导致集聚产生的重要因素,也是新经济地理学理论的特征之一。

(3) 对区域经济的研究。在对集聚现象研究后都得出了合乎新经济地理学和新增长理论的结论,即产业集聚会提升区域竞争力,消除区域发展差距。但现有的研究往往把重心放在影响产业集聚的因素如何产生并发挥作用上面,而对产业集聚对提升区域竞争力的实证研究,即产业集聚到底对协调区域发展有没有影响,有多大影响,又是如何影响的等研究就相对薄弱,即重逻辑证明而轻事实证明。这一方面固然是因为数据的不可易得性,另一方面也反映了国内研究的缺陷。

3 垂直解体、专业化生产和运输成本：一个理论框架

3.1 引言

在现实生活中，很多小企业经常会选择集聚在一起，弥补自身生产规模上的缺陷；还有些则喜欢集聚在大企业周围，享受大企业周边地区的技术和资本溢出，从而形成了最初的产业集聚。而劳动力、技术和中间产品的共享使产业集聚区内的市场规模越来越扩大，社会分工越来越细化，分工的主体也从个人上升到了企业、产业甚至地区之间；同时分工又促进了产业集聚内企业的专门化生产，使得产品越来越多样化和专用化，使原有生产体系发生了巨大变化，产业链在空间上被拉伸，中间产品和环节越来越多，发生了垂直解体，在生产上形成相互配合的需要，生产活动空间范围溢出了既有的单个区域和产业的边界。

这样，一方面，垂直解体使生产组织方式趋于松散，需要一种新型的整合方式；另一方面，由于基础设施的修建（尤其是高速公路）运输途中的费用大幅下降，而电子通信技术的发展又使得市场的搜寻成本和远程监管的成本降低到之前无法企及的程度，这使得原本相对独立的产业集聚之间的交易变得前所未有地方便和快捷。而市场本身的规模经济达到一定程度后，就产生了更为专业化和精细生产的要求。当这种需求遇到以上两种可能性之后，便产生了产业集聚间的分工，这是一种全新的生产组织方式，是以产业的垂直解体和空间的一体化为基础和前提的。传统的在企业内进行的劳动分工，被外化为在更广泛的地域和产业上形成的社会分工，产业集聚也由此更加成为一个地区的不可替代的竞争优势。

在本书第2章中，我们针对产业集聚的核心概念对相关文献进行了梳理。纵观产业集聚理论，我们发现，尽管各个流派对产业集聚从不同角度进行了分析，但在产业集聚间的关系和产业集聚的"源"——分工上，还是存在许多的不足和空白领域。新经济地理对运输成本内生化处理，部分终结了马歇尔学派和杜能学派

之争,但被批评为只是萨缪尔森"冰山成本"在 D-S 空间模型中的一种形式(Holmes,2003),并没有将运输成本对一个地区产业的集聚力和分散力的影响真正论述殆尽。而且,新经济地理学派的主要注意力都集中在单个产业集聚的形成问题上,而对产业集聚的演进,或"产业带"的形成,只用"累积循环效应"一言蔽之,含糊带过(Krugman et al.,2001)。相形之下,亨德森的城市经济学更多地结合了地理性分析工具,可以视为对集聚的另一种研究。在他的理论中,运输成本决定了产业集聚的边界(Henderson,1974),并讨论了专业化生产和多样化生产对一个集聚的重要性。但其在完全竞争和规模报酬不变假设下的静态分析,却不能客观地揭示产业集聚的发展规律。波特的钻石模型很好地弥补了上述两个学派的缺陷,站在一个较为微观的角度阐述了产业集聚构成一个地区竞争力的重要作用,但是作为一个管理学大师,波特的理论缺乏规范的经济学范式的支撑和表达。

可见,现有的产业集聚理论具有以下三个方面的缺陷:一是缺乏对"产业带"形成过程,或者说是对"累积循环"效应的微观机制分析;二是缺乏对产业集聚之间相互关系的探讨,即缺乏对产业集聚演化路径的研究;三是缺乏定量研究上的可操作性,而难为主流产业经济学或区域经济学所承认。究其原因,并非产业集聚不足以成为研究的对象,相反,恰恰是因为产业集聚现象的复杂性,导致其涉及经济学许多并不紧密联系的领域,而显得尤难驾驭。

本章试图在以上三个方面补充和发展产业集聚理论。我们认为,过往的研究都有缺陷,来源于两点:一是缺乏对产业集聚间分工这一关键节点的分析,根据亚当·斯密的观点,一切社会经济的发展都来源于分工,而这一关键词在现有产业集聚的理论中被忽略了(陈柳钦,2005);二是现有的对产业集聚的研究没能兼顾产业和空间的二维视角,或偏重于产业性分析,或带有浓重的空间分析色彩,因此在结论上往往显得顾此失彼。

本章将在产业组织变迁的背景下,阐述了产业集聚研究中兼具空间和产业两种视角的重要性和必要性;接着通过对垂直解体、运输成本和专业化生产间相互作用的研究,给出了产业集聚间分工的经济学框架,从产业组织关系的角度剖析了产业集聚间分工形成的微观机制,分析了它们如何从单个企业的垂直一体化生产,走向多个企业的联合生产,特别是中间产品的极大丰富,使得企业之间产生了多层次的分工关系,并最终发展成为产业集聚间的分工,形成"产业带",乃至一个地区核心竞争力的过程,为下面几章的实证研究提供理论支持。

3.2 产业集聚的经济-空间二维性

在进入正式的理论分析前,我们有必要首先界定产业集聚的范围。尽管理论界对产业集聚尚无准确的定义,但是产业集聚的理论内涵可以被概括为：产业活动在空间上从分散到形成明显的地理集中倾向的现象和过程。这个描述性的概念,为我们提供了产业集聚的经济学表象：企业的大规模集中生产,然而这远远不能将产业集聚的现实外延阐述清楚。更准确地说,产业集聚的边缘如何确定,这是在对产业集聚进行研究时所遇到的第一个重大问题。

例如,在说到浙江嵊州的领带产业集聚时,这个产业集聚到底是指整个嵊州市的领带行业,还是指嵊州集中生产领带的地区？如果是指前者,那么如何区分一个产业集聚和一个地区的产业之间的差别,即如何体现出"集聚"的特性；如果是指后者,那么如何确定该产业集聚的产值和劳动力数量等实证研究中不可避免的问题就显得非常困难了。离开了产业集聚范围的确定这一具体问题,就无法对产业集聚进行深入的微观研究,在这一问题论述上的含糊不清,也是产业集聚理论长期难以为主流经济学接受的原因之一。

3.2.1 产业集聚的经济边界

在过往的研究中,产业集聚的范围界定往往是以产业作为边界的,比如克鲁格曼(Krugman,1991)描述的制毯产业集聚,它的产业边界就是 SIC 产业分类中代码为 8574 的产业。再比如,浙江绍兴、萧山一带的纺织产业集聚,其产业边界就是在 GB/T 4754-2002 标准中的 17-纺织业及其所属的三位数产业。

克鲁格曼(2002)分析了产业集聚的经济边界,他把产业集聚的来源分为先发优势(natural advantage)和"历史的、偶然的"因素(random chance)的累积。他尤其强调了后者的作用,认为产业集聚的形成主要依赖前后向关联(foreward-backward linkage),靠近市场和劳动力的地区往往比较容易产生产业间的溢出效应。也就是说,纺织产业集聚既可能在绍兴、萧山出现,也可能在杭州、嘉兴出现,具体出现的原因与产业本身无关,也与该地区的地理特征无关,而只与市场因素有关。

Pons et al.(2007)针对意大利和西班牙的情况,进行了实证研究。他们的研究结果显示,劳动者作出的区位选择决定,在很大程度上取决于该地区的市场潜力。刘修岩等(2007)也从工资差异的角度验证了克鲁格曼所描述的前向联系。

3.2.2　产业集聚的空间边界

质疑克鲁格曼后发优势主导论的研究者们,通常来自区域科学领域,他们继承了经典的区位理论,认为一个地区比较优势的源泉来自于这个地区独特的地域优势。比如,硅谷之所以形成电子信息产业集聚,那是因为最初的电子信息产业主要生产半导体及其元器件,而半导体的原料硅分布在硅谷周围,这种别的地方所不具有的资源成就了今日的硅谷。城市经济学家藤田昌久进一步解释了"硅谷"的形成,分析了这种产业集聚的"天然优势"。他认为,产业集聚的先发优势不仅仅体现在地理特征上,也包括以地理性因素为载体的文化、制度等因素,这些优势的显著特点是不可复制和不可移动性。

Ellison&Glaeser(1997;1999)通过 dartboard 方法验证了产业集聚产生的原因。他们的实证结果表明,在美国,大约有 20%～50% 的产业集聚可以通过先发优势,即一个地区的地理性优势来解释;剩下的 50%～80% 的产业集聚是后发优势(即产业间的溢出效应)发展的结果。这一研究结论对后来的产业集聚实证研究产生了巨大的影响,人们不但对其研究方法和结论进行了反复的深入探讨,也对其结论产生了浓厚兴趣,很多学者甚至用这个结论作为否认克鲁格曼后发优势的证据。

3.2.3　产业集聚的经济-空间二维性

研究空间和区域对产业和企业形成过程中的影响,以及在企业和产业整合过程中对地区(local)、区域(region)、国家(nation)甚至世界(globe)发展所带来的冲击,是经济地理学的基本命题之一(Dicken&Malmberg,2001)。通常的分析中总是将产业集聚的经济特性(economic-specific)和空间特性(spacial-specific)区别开来,而不是将他们联系在一起进行考虑。新经济地理学对产业集聚产生的原因,之所以给出这么一个解释的原因,是为了突出产业集聚形成过程中要素流动的作用,特别是劳动力流动的作用,强调后发优势对产业集聚的作用,而不是要彻底否认先发优势的存在。Markusen&Venables(2000)就指出,尽管企业倾向于布局在市场潜力大的区位,但本地市场越大,不可流动要素的价格越高,生产成本也越高,哪种要素起决定作用关键在于广义运输成本,而非经济行为和空间位置的优劣之争。

本书试图调和这两个因素对产业集聚的作用,强调产业集聚的经济-空间二维性,在经济行为和空间位置对产业集聚的相互影响下来研究产业集聚。这里的经济行为(economic activity)是指企业、产业的及与之相关的市场活动,既包括企业选择进入什么样的行业,在什么地方组织生产,也包括市场如何利用"看不见的手"

组织企业进行生产，即市场内企业之间的关系；而对空间的兴趣，更多的是建立在如前所述的广义运输成本之上。

3.3 垂直专业化、运输成本和产业集聚间分工

3.3.1 新古典经济学、产业组织理论和新经济地理的融合

产业集聚是一个非常引人入胜的经济学现象，它是分工在空间上的表现方式，这种分工既包括了经济活动主体（企业和个人）在技术上的分工，又反映了地区间的专业化程度。因此，经济性和空间性始终交织在这个现象中，无论偏重哪个方面都会造成对这个现象的认识不足。

在现代社会中，每一个经济活动都是厂商对市场和空间双重选择的结果，但由于新古典微观经济学所要解决的问题是关于稀缺资源的有效配置问题，因此，它所研究的基本问题只包括生产什么，为谁生产和如何生产。而"在哪里生产"的问题必然涉及生产活动在空间分布上的不均匀，这就和新古典的完全竞争和市场完全出清的假设发生了矛盾。因此，生产的空间问题无法构成新古典经济学的核心问题之一。但在迪克希特和斯蒂格利茨（Dixit&Stiglitz,1977）将产品种类内生化，修正了德布鲁框架之后，规模经济和垄断竞争便与新古典框架相容。这一突破直接导致了新经济地理学派的兴起，克鲁格曼（Krugman,1991）创造性地将空间因素引入 D-S 模型中，使得"在哪里生产"的问题与主流经济学相融合，成为一个全新的领域。其中，产业集聚现象更成为多个经济学分支领域的重点关注对象。

另外，继承了古典分工理论精神的经济学家们观察到了在微观层面上企业的专业化问题，并将马歇尔的规模经济和专业化生产区分开来，认为企业的专业化生产和企业的规模经济并没有直接关系，规模经济发生在比企业宏观得多的社会整体经济中。分工导致了专业化产业区的出现和演化，从单纯生产一种产品（可以完全替代的产品）的专业化产业区，到生产多种产品（不可完全替代的产品，包括相似或者不相似产品）的产业集聚，其相互间关系将是本部分内容的关注点。

全社会的生产体系是社会上生产如何组织、协调和管理的系统，它和分工的发展密切相关。在垂直解体和大幅度削减运输成本的影响下，分工和生产体系的进一步细化与复杂化从技术角度加速了产业在空间结构上的调整，进一步引起了产业在空间分布上的不均匀，使产业集聚向纵深方向发展，产生了产业集聚间的分工。正如本书第 2 章中所论述的那样，传统理论对产业集聚的解释对产业集聚本身的分工特性并没有引起足够的重视，没有从整个社会生产组织的角度来分析和

研究产业集聚,因而对产业集聚这一社会生产中的特殊组织形式的认识也就难以深入了,这直接导致了对多个产业集聚间关系研究的缺乏。

外包生产、连锁经营、产品内分工(intra-product specialization)的兴起是产业集聚间发生分工的最好体现。从靠近原料产地和市场,到接近同类产品的生产获取有益经验和技术,到产业价值链被拆分到不同的地区进行生产,向不同类产业学习销售经验,共享创新氛围,产业集聚间的分工也在经历不同阶段的不同特征,整个社会的生产组织体系也因此而变得细化和复杂化。同时,由于产业本身的特点和发展的不平衡性,以及产业集聚本身专业化生产程度的不同,产业集聚间分工的阶段在不同的产业和不同的地点也是不同的,这些原因都是造成产业集聚间分工无法被清晰描述和分层次研究的原因。

3.3.2　专业化和产业集聚

在下文中,我们将大量使用"专业化(specialization)"这个经济学术语来描述产业集聚间分工。我们在第2章中已经对产业集中和产业集聚进行了区别,因此,在这里有必要对产业集聚和专业化再作一简单区分。专业化是指某一地区专门从事某一产业或某种产品的生产(魏后凯,2006),是分工的结果之一(分工的另一结果是多样化)。我们在布雷克曼等(2004)基本图示的基础上对产业集中、产业集聚和专业化进一步进行了细分(图3.1)。我们将在本节解释图中从 a 到 d 的过程,在3.4 小节中解释 e 形成的过程。

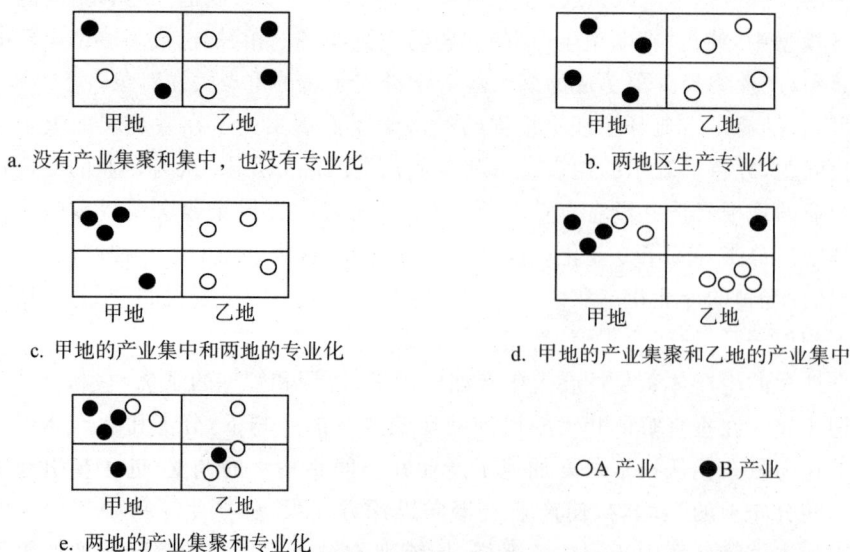

a. 没有产业集聚和集中,也没有专业化

b. 两地区生产专业化

c. 甲地的产业集中和两地的专业化

d. 甲地的产业集聚和乙地的产业集中

e. 两地的产业集聚和专业化

○A 产业　　●B 产业

图 3.1　产业集聚、产业集中和专业化

3.3.3 从垂直一体化到垂直专业化

垂直一体化或者垂直联合（vertical integration）是指一个企业在同一产业范围内，将企业的活动范围向后扩展到供应源，或向前扩展到最终产品的最终用户的生产方式，而垂直专业化（vertical specialization）则是相反的过程（李晓华，2006）。对于产业集聚而言，垂直专业化既是企业趋向于集中的原因，也是受到产业溢出效应影响而产生的结果（Holmes，1995；Zhang，2004）。因此，我们首先来分析从垂直一体化到垂直专业化的过程。

在社会生产的发展过程中，分工的细化直接导致了垂直专业化的出现，尤其是大量可交易的中间产品的出现使企业规模越来越小，垂直一体化的生产方式被逐渐替代。最典型的垂直一体化企业是 19 世纪末的钢铁巨头卡耐基钢铁公司，它的业务范围包括生产钢材的钢厂、供应原料的铁矿、供应能源的煤矿、运输铁矿的船队、运送煤的火车、将煤加工的炉等等。这种"大而全"的做法主要是为了确保企业能够完全控制价值链，在当时的商业环境下，最有效地管理原材料供应风险的方法，就是拥有生产所有原材料的能力。垂直一体化建立在很多组织系统上，包括产权、剩余权价值链、合同、管制等多方面，这些系统的模型包括了 Alchian&Demsetz（1972），Grossman&Hart（1986）以及其他人的一些工作。完整的关于垂直一体化的分析超出了本书的研究范围，因为我们在这里的重点是研究从垂直一体化到垂直专业化的过程。随着企业规模越来越大，内部的管理成本也越来越大，甚至影响了生产效率的提高，这些机会成本开始超过防范上游供应商不稳定的风险，从而使垂直一体化开始变得规模不经济。而那些专注于价值链上某一环专业化生产的企业，则显示出了更高的生产效率，令垂直一体化的企业开始在竞争中相形见绌。于是，专业化、模块化、分拆外包等反垂直一体化趋势开始兴起。以 IT 业为例，硬件、软件厂商泾渭分明，大多数厂商都在整条价值链中占据住一环而不是同时插手上下游产业，这样又进一步提高了生产技艺，培养了越来越多的熟练工人。

斯蒂格勒饶有兴趣地解释了这一过程，他的理论被称为"产业生命周期理论（industry life cycle）"。他假设厂商在进入市场的时候是作为一个新兴的企业，因此在市场上并不能购买到令它足够满意的中间商品，只好自行生产。随着企业的发展，它的产品和生产工艺被效仿，越来越多的新企业开始进入该领域，推动了企业和产业的发展，新进入的企业又开始新一轮的发展周期。和科斯一样，斯蒂格勒相信企业间的竞争会带来市场规则下的效率提高，从而大大补充了斯密关于劳动分工的理论。斯蒂格勒的这些观点发表在（Stigler，1951）中，这原本是斯密在《国富论》中的原话。斯蒂格勒写道，"几乎没有人使用或者正在使用劳动分工理论，原因非常冠冕堂皇：因为这部分的理论几乎是空白的"。其实早在1928年，杨格就曾经试图证明过斯密定理，他认为，规模经济中经济自我加强的关键在于资本的经济性或者生产方式的迂回性，如果将注意力集中在大规模生产上，"就很容易忽略这些发生在眼皮底下的现象……"（Young，1928）。因此，将劳动分工引起的专业化经济和中间产品生产上规模经济等同起来是非常不合适的。但斯蒂格勒在证明斯密-杨格定理的过程中，混淆了与劳动分工相关的专业化经济和现代经济理论中核心规模经济之间的界限，他无法解释垄断竞争市场中大量小型专业化生产企业的规模不经济。这一误解，使这方面的研究出现了很长时间的停顿。

事实上，由于大批量柔性生产带来的资源专用化以及大企业在信息整合等问题上的困难，许多产品的生产倾向于规模不经济，这也正是许多产业自动选择中小规模的原因。以模具产业为例（GB/T 4754-2002：3625），分工的细化使原本只是一种为其他产品提供技术支持和更新换代的模具产业，从附属产品变为一个独立的产品，并在发展壮大中成为一个地区的产业支柱。但专业的模具生产企业往往陷入一个怪圈：生产规模越扩大，带来的经济效益越低。这是由于模具的专用性非常强，往往一个订单生产出来的模具只能供给一个特定的厂商在特定产品上使用，产品的替代性很差，模具企业无法提前预留库存。因此几乎所有的模具生产都是一次性的，每个生产周期之初都不得不购买设备和劳务，长期积累下来，导致规模越来越大，平均利润却越来越小的情况。一些大的家电或汽车企业迄今仍然保留着自己的模具厂，就是为了从最终产品的利润中补回模具开发上的成本劣势。这些产业特性使得模具产业天然地成为了"规模不经济"企业，而显然，这种规模不经济与专业化生产是可以共存的。

Becker&Murphy（1992）也注意到了这个问题，Robertson&Alston（1992）甚至对两者进行了实证研究，但由于始终不能在新古典框架下厘清规模经济和专业化生产之间的关系而放弃这一论题。直到杰出的华人经济学家杨小凯和黄有光（2001）严格证明了市场规模和专业化生产的无关性，才将斯密-杨格-斯蒂格勒定理完全证明。他们的研究分析了杨格所观察到的劳动分工是如何产生的：一条向下倾斜的总产出曲线在某时间段的某产业水平上是有效率的，但这条曲线并不会告诉我们关于厂商有效规模的任何信息。在这条生产曲线上较低的点既可以和较小生产单位相联系，也可以和较大的生产规模相联系。这意味着，新古典中的由市场规模扩大而带来的经济性是针对整个社会而言的，和进行专业化生产的厂商的规模并没有直接和必然的联系。也就是说，专业化生产的厂商，它的规模报酬是不一定的，有可能是递增，有可能是不变，也有可能是递减的，这与整个市场的规模经济和垄断竞争并不矛盾。Fontenay&Hogendorn（2005）进一步证明了这一点。

将这些重要的理念综合考虑进模型的时候，我们采取了斯蒂格勒、杨格和杨小凯的部分模型，在 Fontenay & Hogendorn(2005) 分工演进模型的基础上加入了新经济地理的非线性运输成本来说明问题。首先，是斯蒂格勒的 Process 模型，也称为"斯蒂格勒式专业化生产方式"(Stiglerian specification)。该模型的核心是，如果一种生产要素（通常是劳动）在中间产品生产中投入越多，那么这种中间产品的产出会大于这个比例，即中间产品生产的规模报酬递增假。中间产品的生产函数为 $F(L,K)$，则 $F(\alpha L,K) > \alpha F(L,K)$。然后，我们选取了杨格模型中中间产品生产过程不可再分概念，即中间产品生产过程中的规模经济并不会直接引起最终产品生产和总体经济规模报酬递增的假设。这是因为在现实生活中，在劳动分工确定情况下，总体的规模不经济发生状况远大于规模经济；也就是说，在将劳动转化成中间产品 x 和 y 的时候是规模经济的，但是最终产品的生产函数 $f(x,y)$ 是规模报酬递减的。在杨格的逻辑下，避免最终产品生产中规模不经济的办法是重构技术体系，增加工序，也就通过加入新的中间产品 z 的方式进行迂回生产。这样，在最初的劳动投入不变的情况下，有 $f(x,y,z) > f(x,y)$，也就是"斯密的专业化生产方式"(Smithian specification)。最后，我们用到了杨小凯关于规模经济和专业化生产是决定要素如何配置在各个生产过程中，而不是选择垂直一体化生产的唯一决定因素。

特别地，对于垂直专业化过程中所产生的运输成本，我们使用了与克鲁格曼同样的"冰山成本"方法，将其内生于厂商的生产函数。

1. 模型的基本假设

（1）假设一：存在大量可交易的中间产品。大量可交易(tradable)的中间产品的出现是垂直专业化存在的最显著特点。如果市场对进入的厂商数量有限制（比如，管制或较高固定资产投资），则厂商能够获得李嘉图租金（或由设置进入壁垒获得的准租金）。我们的模型先从简单垂直一体化开始，逐个分析从垂直一体化到垂直专业化生产过程中的关键步骤。

（2）假设二：最终产品的生产是规模报酬递减的。由于市场结构不是本书研究的重点，而且单个厂商的规模不经济并不影响整体市场的规模经济，我们首先建立一个最终产品的生产不是垄断竞争，但厂商却参与到"斯蒂格勒式专业化生产"并与其他厂商进行交易动力的模型。这一简化处理并不会影响本模型的解释力。

厂商制造最终产品 q，我们将其定义为一种不再投入生产的最终消费品。每个厂商都是市场上的完全竞争者，被动接受产品 q 的给定价格 p_q。厂商需要 x 和 y 作为中间产品来生产 q，生产函数形式为 $q = f(x,y)$，$\alpha f(x,y) > f(\alpha x, \alpha y)$ $(\alpha > 1)$。每个厂商都有一定数量的劳动和资本，分别用 L 和 K 表示，生产要素可

以在 x 和 y 生产中进行配置。厂商的数量决定了产业所需的劳动力 L 的数量。在 x 的生产上,厂商使用了 L_x 单位的劳动,因此在 y 的生产上厂商使用了 $L-L_x$ 的劳动。假设生产中间产品的函数形式是一样的:$x=g(L_x)$,$y=g(L-L_x)$。

(3) 假设三:中间产品的生产是规模报酬递增的,$\alpha g(L_x)<g(\alpha L_x)(\alpha>1)$。

(4) 假设四:冰山运输成本。根据杨小凯(Yang,2001)和 Baldwin&Krugman (2004)模型的启发,我们的中间产品交易所产生的广义运输成本,用"冰山成本 (melting iceberg transaction)"来表示。假设一个厂商购买了 10 单位的 y,那么在他拿到货物的时候,他发现只有 9 单位的 y 可让其投入生产,消失的那个单位就是在路上消耗的运输成本。这个过程类似于运送一座"冰山"去异地时部分冰融化了,由萨缪尔森于 1954 年第一次提出来解释生产过程中的交易费用。新经济地理将其引入"中心–外围模型"(core-periphery model),省却了单独讨论运输业的过程。

在我们的模型中,运输成本以给定参数 $\tau\in[0,1]$ 来表示。假设厂商需要从市场上购买 y,则厂商最后能用于最终产品生产的 y 数量为 yV_D。其中,$V_D=e^{-\tau D}$ 为每单位 y 运送到目的地时的数量,它是 m 和 n 之间运输距离 D 的函数(图 3.2)。

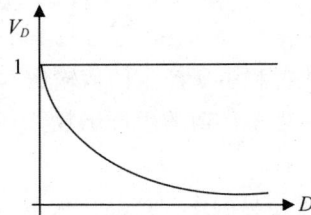

图 3.2　冰山运输成本与运输距离的关系

2. 没有考虑运输成本的厂商最优产出

由于 L 是有限资源,劳动力供给是完全无弹性的,在没有考虑运输成本的情况下,每个厂商都会用尽其所拥有的 L。中间产品的规模经济就会带来如图 3.3 所示的市场出清结果。

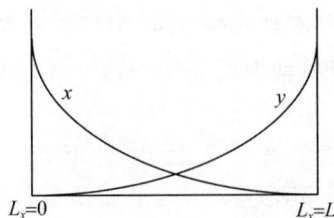

图 3.3　中间产品生产

厂商在生产 q 上的一阶最优条件为：

$$\frac{\mathrm{d}}{\mathrm{d}L_x}f(g(L_x),g(L-L_x)) = f_1 g(L_x) - f_2 g(L-L_x) \tag{3.1}$$

设最优的产量为 q_v^*，这时所需的中间产品为 x_v^* 和 y_v^*。令市场上对最终产品 q 的需求函数为 $P(Q_d)$，如果市场上有 N 个厂商，则市场价格可以被记为：

$$p_q^* = P(Nq_v^*) \tag{3.2}$$

在此均衡价格下，一个垂直一体化经济的收入可以记为

$$\pi_v(N) = p_q^* q_v^* \tag{3.3}$$

3. 考虑运输成本的斯蒂格勒式专业化生产

现在我们拓展上述模型，假设所有厂商仍然生产最终产品 q，需要两种中间产品 x 和 y，且不同中间产品的生产厂商分处两地 m 和 n，斯蒂格勒式的专业化生产要求他们相互交易中间产品以满足生产的需要。

x 和 y 的生产具有明显的对称性，我们以在 m 地分工生产 x 商品的厂商为例来讨论模型的均衡解。x 和 y 在其产地的价格为 p_{mx} 和 p_{ny}，则 $p_{nx}=\dfrac{p_{mx}}{V_D}=p_{mx}\mathrm{e}^{\tau D}$，同理 $p_{my}=\dfrac{p_{ny}}{V_D}=p_{ny}\mathrm{e}^{\tau D}$，分别对 p_{mx} 求一阶和二阶偏导，可得 $\dfrac{\partial p_{mx}}{\partial V_D}=\tau p_{mx}\mathrm{e}^{\tau D}$，$\dfrac{\partial^2 p_{mx}}{\partial V_D}=\tau^2 p_{mx}\mathrm{e}^{\tau D}$。厂商将他所有的要素都投入生产 x，$L_x=L$，除去自己生产最终产品 q 所需的中间产品外，还可以在中间市场上出售 x_s 数量的 x 商品供其他厂商生产 q 时使用，同时购买 y_d 数量的 y 商品用来生产 q。因此厂商的生产函数就可以写成：

$$q_x = f(g(L_x)-x_s, y_d V_D) \tag{3.4}$$

将 $V_D=\mathrm{e}^{-\tau D}$ 代入上式得

$$q_x = f(g(L_x)-x_s, y_d \mathrm{e}^{-\tau D}) \tag{3.5}$$

因此生产 x 商品的厂商收入函数就可以写成：

$$\pi(x_s,y_d) = p_q q_x + p_{mx} x_s - p_{ny} y_d \tag{3.6}$$

一阶条件如下：

$$\frac{\partial \pi}{\partial x_s} = -p_q f_1 + p_{mx}$$
$$\frac{\partial \pi}{\partial y_d} = p_q \mathrm{e}^{-\tau D} f_2 - p_{ny} \tag{3.7}$$

与运输成本 $V_D=\mathrm{e}^{-\tau D}$ 只与 m、n 两地的运输距离相关，而与市场结构无关不同，一阶条件（3.7）中的中间产品原产地价格 p_{mx} 和 p_{ny} 一旦发生变化，则会对 x_s 和 y_d 发生影响。我们在模型中假定了市场是完全竞争的，厂商是市场价格的接受者，因此一旦 p_{mx} 上升，则 x 厂商会把更多的产品拿去市场上卖，x_s 就会增加。p_{ny}

的变化亦然。

观察运输成本 $V_D = e^{-\tau D}$，相对 x 厂商来说，运输成本提高了 y_d 的成本，因此他面临自己生产和从市场上购买两个决策，在两地运输距离不足以大到使两地比较优势发生逆转的状态下，两地生产的中间产品种类不会发生变化。但两地在最终产品生产上的中间品投入比例却会因为运输成本的介入而发生变化，如对于丝棉混纺织物来说，同样质量的两种棉线和丝线，会因为比例的变化而引起最终织物在柔软性、保暖性上的诸多差异，形成差异性最终产品。

为了降低运输成本带来的冲击，我们假设存在一个厂商 X，同时生产 x 和 y 供自己生产最终产品使用，并将多余的中间产品拿到市场上卖。设其位于 m 地，用 L_x 的资源投入生产 x，用 $L - L_x$ 生产 y，其利润函数为：

$$\pi(L_y, x_s, y_d) = p_q f(g(L_x) - x_s, g(L - L_x) + y_d e^{-\tau D}) + p_{mx} x_s - p_{ny} y_d \quad (3.8)$$

其一阶条件为：

$$\frac{\partial \pi}{\partial L_x} = p_q f_1 g'(L_x) - p_q f_2 g'(L - L_x)$$

$$\frac{\partial \pi}{\partial x_s} = -p_q f_1 + p_{mx} \quad (3.9)$$

$$\frac{\partial \pi}{\partial y_d} = p_q f_2 e^{-\tau D} - p_{ny}$$

将式(3.9)和式(3.7)进行对照，我们可以发现，混合生产两种中间产品和专门生产其中一种中间产品的厂商 X 和 x 最后的最终产品 q 的产量是一样的。将式(3.9)中的后两个条件代入第一个分式，可得：

$$\frac{g'(L_x)}{g'(L - L_x)} = \frac{p_{ny}}{p_{mx} e^{-\tau D}} \quad (3.10)$$

因为假设中间产品的生产是边际报酬递增的，所以 $g(\cdot)$ 是一个递增的凸函数，因此式(3.10)并不是最优解，同时生产两种中间产品的厂商 X 会在总产量不变的情况下，继续调整要素投入，直至成为一个专业生产其中一种中间产品的专业生产厂商。由此我们得到下面这个结论：

结论 3.1：运输成本会改变两地的要素禀赋状况，从而导致厂商在生产最终产品的时候，更多地使用本地生产的中间产品，这一过程将使得厂商总是会选择在斯蒂格勒条件下生产 x 或 y，即厂商不是专门生产中间产品 x 就是专门生产中间产品 y，而不会去生产混合产品（mixed products）。最后所有的厂商都成为专门生产其中一种中间产品的专业化生产者。

在这过程中，运输成本决定了 x 和 y 的价格，我们把 V_D 对 D 求一阶偏导，则

$\frac{\partial V_D}{\partial D} = -\tau e^{-\tau D} = -\tau V_D$，即 $\frac{1}{V_D} \frac{\partial V_D}{\partial D} = -\tau$，所以 τ 表示 V_D 数量的 y 产品每运输一单

位运输距离,所损耗的比例,τ 值越大,$1-\tau$ 越小,则到目的地剩余的 y 越少,也就是运输成本越大。$1-\tau$ 可以看作是运输条件、基础设施的改善,运送方式的发展和运输技术的进步都可以使 $1-\tau$ 的值更接近于 1,同时缩短两地间的运输距离。随着 $1-\tau$ 的增加和 D 的减少,产品的市场价格越来越高,并以递增的比例增加;在其他条件相同的情况下(即 τ 值不变),如果原产地始价格越高,则相同运输距离内产品的市场价格越高,递增的绝对值也越大。自产或购买的决策将取决于运输成本和最终产品 q 的价格之间的权衡。而我们已经证明了任何厂商都不会同时生产 x 和 y,也就是说在运输距离 D 并不那么大,且运输技术 τ 不变的情况下,我们可以得到如下结论:

结论 3.2:在存在中间产品交换的统一市场中,运输条件的改善和运输距离的减少会降低运输成本,从而导致斯蒂格勒专业化的发生,即低运输成本会使垂直专业化程度加深。

4. 均衡解的拟态

我们用 N_x 和 N_y 来表示市场上生产两种中间产品的厂商数量。则最终产品市场和中间产品市场上的均衡分别为:

$$N_x y_d^* = N_y y_s^* , \ N_y x_d^* = N_x x_s^* , Q_d = N_x q_x^* + N_y q_y^* \tag{3.11}$$

其中,x_s^*,y_d^* 为式(3.9)的斯蒂格勒式专业化生产条件中得到的最优产量。现在我们要解决的问题是:中间产品专业化生产的企业效率是否高于垂直一体化企业?在专业化生产的条件下,x 和 y 的供给数量由 (N_x,N_y) 决定,当 $\tau \to 0$ 时,每一个专业化生产的厂商都选择在同样的中间产组合下进行生产,由位似性可知,这时投入比例是最优的,因为他们和垂直一体化状态下的企业生产选择是一样的。又因为没有更多的生产要素可供投入生产,因此,每一个企业都在最优组合下进行生产。由此可得,如果生产函数 $f(\cdot)$ 是位似(homothetic)的,$\dfrac{N_x}{N_y} \to \dfrac{x_v^*}{y_v^*}$,且 $\tau \to 0$,则专业化生产的交易是有效率的。

以上假设只要不是同时满足的,比如运输成本过大,或者专业化生产下厂商选择次优的中间品组合,那么结果就有可能是相反的。这个结论对于社会而言是有益的,但是对于厂商而言,结果却依赖于供给和需求弹性。这是因为,这个更低价格但是更高产量的均衡对生产者剩余的作用是未知的,既有可能是提高也有是降低了原有的生产者剩余。事实上,目前很多产业的外包业务显示,生产者剩余在专业化生产条件下往往是降低的。因此我们在下面讨论均衡的拟态的时候,再次假设需求是有弹性的,并且为了简单起见,我们同时假设最优中间产品组合是相同比例的 x 和 y,这样专业生产 x 和 y 的厂商数量 N_x 和 N_y 也趋于相同。

（1）垂直一体化的均衡拟态。当额外增加一个垂直一体化厂商却不能带来正的收益的时候，我们就将该均衡拟态称为垂直一体化时的均衡拟态。假设生产的固定成本是 F，则拟态（N_v）满足：

$$\pi_v(N_v) \geqslant F > \pi_v(N_v + 1) \tag{3.12}$$

（2）斯蒂格勒式专业化分工下的均衡拟态。如果拟态（N_x, N_y）满足下列方程式则称为斯蒂格勒式专业化分工下的均衡拟态。

$$\begin{aligned}
\pi_x(N_x, N_y) &\geqslant F > \pi_x(N_x + 1, N_y) \\
\pi_y(N_x, N_y) &\geqslant F > \pi_y(N_x + 1, N_y) \\
\pi_x(N_x, N_y) &\geqslant F > \pi_x(N_x + 1, N_y + 1) \\
\pi_y(N_x, N_y) &\geqslant F > \pi_y(N_x + 1, N_y + 1)
\end{aligned} \tag{3.13}$$

显然，随着运输成本的降低，专业化生产的厂商优势相对垂直一体化企业越来越明显（图 3.4）。所以我们得到：

结论 3.3： 在低运输成本和需求具有弹性的假设下，尽管市场容量没有发生改变，$N_v^* = N_x^* + N_y^*$，垂直专业化的厂商效率要远高于垂直一体化厂商，且在斯蒂格勒专业化生产下，生产两种中间产品的厂商数量趋于一致。也就证明了我们一开始提到的分工和市场容量无关性。

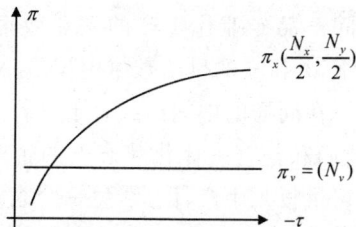

图 3.4　垂直一体化厂商和斯蒂格勒专业化分工厂商

3.4　产业集聚间分工的形成机理

3.4.1　产业集聚间分工的可能性分析

克鲁格曼（Krugman，1991）描述了一个简单的模型来解释产业集聚的产生，并有如下假设：

（1）两个地区：甲地和乙地；两个部门：农业和工业；

（2）两地在生产 A 产品上的要素禀赋和劳动力产出上都无差异；

（3）两地的人们在 A 产品上的偏好一致；

（4）开一个 A 企业的固定成本为 4，甲乙两地间的运输成本是 1；

（5）甲乙两地共有 10 单位劳动力，对 A 产品的单位需求为 1；

（6）农业和工业人口比例为 3：2。

那么，在甲乙两地的 A 产业集聚没有形成前，企业在甲乙两地间的区位选择有三种策略（如表 3.1 所示），这样 A 产业只有在甲地生产或者只在乙地生产两种均衡，甲地或乙地的 A 产业集聚也就形成了。

表 3.1　A 产业企业的定位策略（克鲁格曼，2000a）

A 产业分布份额	成本	厂商成本		
		甲地	两地	乙地
只在甲地	固定成本	4	8	4
	运输成本	3	0	7
	总成本	7	8	11
甲地：乙地＝1：1	固定成本	4	8	4
	运输成本	5	0	5
	总成本	9	8	9
只在乙地	固定成本	4	8	4
	运输成本	7	0	3
	总成本	11	8	7

但如果，不管什么原因，在假设没有发生变化的情况下，甲乙两地都形成了 A 产业的集聚①，那么两地 A 集聚内的企业再选择定位的策略就发生了变化。我们延续克鲁格曼简单模型的思路，假设甲地有一个从事 A 产业的企业 a，现在 a 发现在乙地设立一个分支机构，执行某种企业职能（如设计、管理等）比该部门在甲地的效率更高，于是它把这个职能部门外迁到了乙地。这样，企业的运输成本没有发生变化（我们忽略了企业内部沟通所需的运输费用），但其固定成本却发生了变化，它的区位策略选择如表 3.2 所示。

---

① 相近地区相近产业集聚的形成原因非常复杂，如政府产业布局、历史传承等都会对其发生影响，这部分的讨论，不会对本书的研究结果发生影响，故不赘述。

表 3.2　A 产业集聚内企业的定位策略

A 产业劳动力分布	成本	厂商成本：假设生产地为		
		甲地	两地	乙地
只在甲地	固定成本	4	8	4
	运输成本	3	0	7
	总成本	7	8	11
甲地：乙地＝1：1	固定成本	2	8	6
	运输成本	5	0	5
	总成本	7	8	6
只在乙地	固定成本	4	8	4
	运输成本	7	0	3
	总成本	11	8	7

这样，就有了三个均衡：只在甲地生产、只在乙地生产和在两地生产，由此得到本章所要研究的命题 3.1：产业集聚间分工可以存在。

3.4.2　模型的基本假设

本部分的模型旨在以产业集聚的经济和空间边界来共同界定产业集聚的范围，注重分析他们相互之间的分工关系，以弥补包括新经济地理学在内的产业集聚理论只关注单个产业集聚，而忽略了产业集聚作为分工产物的缺陷。因此对模型作以下假设：

假设一：产业集聚是一个具有行为特征的经济组织。杨小凯（Yang，2001）认为，专业化经济是个体特征（individual-specific）和行为特征（activity-specific）的。波特（Porter，1998）也认为，把企业当成一个整体来看，是不能理解产业集聚的竞争优势的，每个企业都是进行种种活动的集合体，产业集聚的竞争优势来自于一个企业在设计、生产、销售、运输和辅助其产品的过程中所进行的许多互不联系的活动。因此，在本书中的产业集聚是一个同时拥有空间和产业边界的类似于企业的经济组织，和上文中科斯（Coase，1937）、斯蒂格勒对厂商的处理一样，我们把产业集聚也看作是经济行为的集合体，其内部企业之间的关系和市场结构不是本书所要关注的重点。

假设二：存在两个产业集聚，甲地的 A 产业集聚和乙地的 B 产业集聚。这两个产业集聚分处于一个圆的上下半圆，A 产业和 B 产业存在着一定的产业关联。

为简化模型，我们假设 A 产业生产的是最终产品，而 B 产业生产的是可供 A 产业使用的中间产品。

假设三：存在大量可交易的中间产品。垂直解体使劳动分工越来越精细，在产业上最重要的影响就是使产业的种类越来越多，很多原本只是作为其他产品的附属品的产业，如上文中提到的模具制造产业，也被拆分成一个独立的产业，在本模型中，他们被假定为 B 类型的产业，是一种中间产品。我们假定一个最终商品生产者 a（在本书中 $a \subset$ 甲地的 A 产业集聚），需要厂商 b（$b \subset$ 乙地的 B 产业集聚）生产作为最终产品的投入品。这样，在甲地的 A 产业集聚和乙地的 B 产业集聚之间，存在四种不同的生产组织形式：a 可以选择自主生产 B 类产品；或者将 B 类型的投入品生产外包给本地的其他中间品生产厂商 $b_甲$；它也可以选择在乙地设立工厂，在甲地保留 A 类产品的生产，而只将投入品的生产安排在乙地；最后一种形式是直接从乙地购买 B 类产品。由于同时考虑这四种形式显得有点复杂，因此，大部分的研究都集中在对其中两种生产形式进行比较分析。Grossman & Helpman（2008）比较了在国内进行外包与在国外进行外包这两种形式的均衡，这个模型中对一般交易成本的论述为我们研究广义运输成本提供了借鉴。另外，Grossman & Helpman（2003）还研究了封闭经济中厂商选择外包与自主生产中间产品这两种产业组织形式，与我们在第 3 章的基本模型中的结论不谋而合。

假设四：乙地的工资水平要低于甲地，但是存在中间产品的广义运输成本。设甲地的工资率为 $w_甲$，乙地的工资率为 $w_乙$，则 $\omega = \dfrac{w_甲}{w_乙} > 1$。如果一个最终品生产厂商选择购买中间产品或劳务的生产形式，那么它就要在外地寻找其中间品投入的提供者；对应地，如果选择垂直一体化的生产形式，那么最终产品生产商就要自己生产中间品，继而将生产出来的中间品作为投入品，生产用以满足消费者需求的最终商品，这时便会产生运输成本。

假设五：最终产品是差异化产品。在第 3 章的基本模型中，最终产品是同质的，所以厂商 x 和 y 可以自由地交易中间产品来生产最终产品。在这里，虽然最终产品生产商 a 的产品集 $q \subset A$，但 q 所包含的产品是有差异的。差异化最终产品意味着，对于消费者而言，消费品是不完全替代的，并要求中间产品也具有差异性。从需求方面来讲，可以使用 CES 效用函数；从供给方面看，可以将分布在一个单位圆（周长为 1）半圆周上的每一点与某一特定种类的最终产品对应起来，并且也对应于另一个半圆上这种最终产品生产所需要的特定中间产品，且在该单位半圆圆周上任一点处的最终产品种类都是连续的。图 3.5 中的 a 和 b 反映了这种差异性产品生产的对应关系，弧 ab 代表任一最终产品厂商和与之对应的中间产品厂商之间的运输距离。

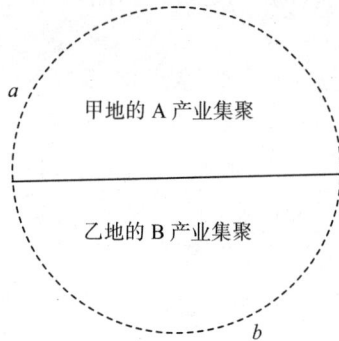

图 3.5　两地差异性最终产品和中间产品的对应关系

我们在 Grossman & Helpman(2008)关于生产和贸易的一般均衡模型的基础上,建立一个两产业集聚模型,力图分析自主生产与在外地生产中间产品这两种不同的生产组织形式之间的关系。模型的均衡状态考虑了最终品与中间品生产厂商的进入与退出,并且假定劳动力供给是完全无弹性的。我们的结论是,较高的运输成本将使得选择垂直联合生产的最终品生产商数量上升,相应地,选择外包的最终品生产厂商数量下降;中间产品的运输技术的进步则会减少选择垂直一体化生产的数量,增加选择服务外包或中间产品外购的数量。

3.4.3　需求函数

假设 a 和 b 都可以以 1 单位的当地劳动力成本生产 1 单位的同质消费品 Q,但只有 a 能够同时生产最终商品 q 和中间产品 $z \subset B$,而 b 只生产 z。

假设两地的消费者偏好一致,有同一个效用函数:

$$\mu = Q^{1-\beta} \left[\int_0^1 \int_0^{n(l)} q(j,l)^\alpha \mathrm{d}j \mathrm{d}l \right]^{\frac{\beta}{\alpha}}, 0 < \alpha, \beta < 1 \tag{3.14}$$

其中,Q 代表同质的最终产品消费,$q(j,l)$ 代表单位圆圆周上点 l 处第 j 种最终产品的消费。上半圆周上任一点所对应的最终产品生产商 a 所生产的有差异的 q 产品,它所满足的消费者群体是不一样的。$n(l)$ 表示与位于下半单位圆圆周上点 l 处中间产品所对应的最终产品种类。β 代表用于 q 产品的收入比例,需求弹性 $\varepsilon = 1/(1-\alpha)$ 表示不同的 q 之间的替代弹性。设 $E_i(i = 甲,乙)$ 为单位圆周区域内的总支出,根据效用函数,我们可以求位于下半圆 l 处的中间产品所对应的 j 类最终产品的需求量:

$$\max \mu = Q^{1-\beta} \left[\int_0^1 \int_0^{n(l)} q(j,l)^\alpha \mathrm{d}j \mathrm{d}l \right]^{\frac{\beta}{\alpha}}, 0 < \alpha, \beta < 1$$

$$str. \sum_i E_i = P_Q \cdot Q + \int_0^1 \int_0^{n(1)} p(j,l)q(j,l)\mathrm{d}j\mathrm{d}l$$

得

$$q(j,l) = \frac{\beta\sum_i E_i}{\int_0^1 \int_0^{n(l)} p(j,l)^{1-\varepsilon}\mathrm{d}j\mathrm{d}l}p(j,l)^{-\varepsilon} \tag{3.15}$$

设 $A = \int_0^1 \int_0^{n(l)} p(j,l)^{1-\varepsilon}\mathrm{d}j\mathrm{d}l$，则式（3.15）可以简化为：

$$q(j,l) = Ap(j,l)^{-\varepsilon} \tag{3.16}$$

可见需求函数是一个 CES 函数。根据迪克希特和斯蒂格利茨 1975 年的垄断竞争模型，在垄断竞争条件下达到均衡，有两个条件很重要：一个是垄断利润最大化；一个是竞争均衡利润为 0。以下，我们将根据这两个条件对模型进行相关处理。

3.4.4 成本函数

对于垂直一体化生产的厂商 a_{int} 来说，其成本可以分为两部分：一是进入该产业的固定成本 F；另一部分是劳动成本 f_{int}。根据基本模型中的证明，在运输成本较低的条件下，专业化生产的效率要远高于垂直一体化的生产效率。因此，假设劳动力是同质的，在乙地生产 1 单位中间产品需要 1 单位劳动力，则 a_{int} 生产的每单位 z 所需要的劳动力 $\lambda \geqslant 1$ 单位的甲地劳动力。这反映了垂直一体化企业在专业生产上的缺陷和组织大规模生产引起的较高管理成本。

对于选择外购中间产品的厂商 a_{dei} 来说，其成本除了与垂直一体化厂商相同的两个部分之外，还包括了厂商 a_{dei} 在乙地搜寻对应的中间产品厂商的成本 f_s。与其对应的乙地中间产品生产商的成本为 f_{ime}，它们均匀地分布在下半圆周上，且其数量是连续的。与新经济地理学中最终产品生产商承担运费不同，本书的模型中，运输成本由中间产品生产商来承担，也就是说运输成本是以 C.I.F 方式解决的，而不是 F.O.B.。这样处理的目的只是为了简化模型的计算过程，并不影响模型最后的结论。运输成本用 t 来表示，它是劳动力成本 w_Z、运输距离 D 和参数 τ 的乘积，其中，$\tau \in [0,1]$ 表示的是运输条件，τ 值越大运输条件越差，运输成本越大；D 表示 a_{dei} 和 b 之间的运输距离。

设选择垂直一体化生产的厂商数量是 n_1，选择外购中间产品的厂商数量是 n_2，乙地共有 m 个中间品生产厂商。起初 a_{dei} 只知道乙地存在 m 个厂商，却不知道哪个厂商生产适合自己的中间产品。由于中间产品厂商均匀分布在单位半圆圆周上，因此距离 a_{dei} 最近的 b 的距离 $D \in \left[0, \frac{1}{2m}\right]$。假设销售最终产品的净利润为 π_{final}，销售中间产品的净利润为 π_{imd}，则最终产品生产者愿意外购中间产品的充要条件为 $e^{-\tau D}$ $\leqslant \pi_{imd}$，定义 d 为在乙地搜寻合适中间产品后仍不退出的最终产品生产商与可以为它提供合适的中间产品的厂商之间的最远距离，则满足：

$$d = \min\left\{\frac{\ln\pi_{imd}}{-\tau}, \frac{1}{2m}\right\} \tag{3.17}$$

3.4.5 利润函数

在垄断竞争下条件下，计算利润是不考虑固定成本的，垄断定价是恒定加成 (constant markup)，并遵循倒弹性法则，即边际成本与价格的差等于价格乘上弹性的倒数。在本模型中，最终产品的边际成本为 w_Z，所以在垄断竞争条件下 q 的最优价格为：

$$p^0 = \frac{w_Z}{\alpha} \tag{3.18}$$

因此，最大化利润为：

$$\pi_{final} = (1-\alpha)A\left(\frac{w_Z}{\alpha}\right)^{1-\varepsilon} \tag{3.19}$$

将式(3.18)代入(3.16)，得到与之相对应的产出为：

$$q^0 = A\left(\frac{w_Z}{\alpha}\right)^{-\varepsilon} \tag{3.20}$$

3.4.6 搜寻成本

对于选择通过各种方式购买中间产品的最终产品生产者来说，必须在下半圆的中间产品市场上寻找满足它要求的厂商。设随机变量 D 表示最终产品生产者与相对应的中间产品生产者之间的距离，且 D 在区间 $[0,d]$ 上均匀分布。如果最终产品生产商发现距离最近的中间产品生产商的距离大于 d，那么交易就会终止，两者利润都是 0。反之，则中间产品的交易将进行下去，两者的利润分别为 π_{final} 和 π_{imd}。由以上分析可知，中间产品交易的概率为 $1/d$，不进行交易的概率为 $1-1/d$，因此，选择中间产品交易的最终产品生产者的期望利润为：

$$\pi_{n2} = \frac{\pi_{final}}{d} \tag{3.21}$$

3.4.7 自由进入和市场出清

自由进入指在均衡条件下，最终产品和中间产品生产者的期望利润都为 0。对于垂直解体厂商来说，自由进入的条件可以表示为：

$$\pi_{n2} = w_甲(f_{int} + f_s) \tag{3.22}$$

类似地,选择垂直一体化生产的最终厂商自由进入市场的条件是:

$$\pi_{n1} = w_{甲}f_{int} \tag{3.23}$$

假设处于下半圆的中间产品生产商在选择定位的时候,同样出于理性人前提,他们会把自己的厂址设置在能同时比较接近多个适合的最终产品生产者中间位置。这样,每个中间产品厂商可以为 $2n_2\left(2d - \dfrac{1}{2}\right)$ [①]个最终产品生产厂商提供中间产品,其利润函数为 $\pi_{imd} - w_Z\tau D$,中间产品厂商的总利润为:

$$\pi_m = 2n_2\left(\int_0^d (\pi_{imd} - w_Z\tau D)\mathrm{d}D - \frac{1}{2}\right) = n_2(2d\pi_{imd} - w_Z\tau d^2 - 1) \tag{3.24}$$

自由进入市场的条件为:

$$\pi_m = w_Z f_{imd} \tag{3.25}$$

假设甲地和乙地的劳动力市场都是出清的,在乙地,由于甲地工资水平较高,且同质消费品 Q 不存在贸易成本,因此全部的 Q 都在乙地生产。所有厂商的净利润为 0 意味着两地消费者各自的总支出等于其收入,即 $E_i = w_i L_i$,其中 L_i 表示 i 地区的劳动力供给。由于中间产品的交易量为 $2qmn_2\left(2d - \dfrac{1}{2}\right)$,我们可以得到甲乙两地的劳动力市场出清条件,整理后得到式(3.26):

$$\frac{w_{甲}}{w_Z} = \frac{2d\left(f_{imd} + \dfrac{1}{2}\tau d\right)}{f_{imd} + f_s}$$

$$n_2 = \frac{L_Z - mf_{imd}}{\tau md^2 + 2mdq} \tag{3.26}$$

由以上推导可以得到以下三个结论:

结论 3.4:运输距离越近,运输条件越好的两个产业集聚间越容易形成产业集聚间分工。从式(3.26)中可以发现,两地的工资比 λ 取决于运输条件 τ 和运输距离 d,两地间的运输条件越差,运输距离越大,则两地的工资比越大。也就是说,两地的交流越是困难,越是难以形成分工关系,也就越容易形成封闭的产业集聚。

结论 3.5:运输成本越小,则采取购买中间产品方式进行生产的最终产品生产商越多。由式(3.26)可知,运输成本越小(τ 和 d 越小),n_2 越大,而 n_2 是乐于参与分工的最终产品生产商的数量。也就是说,在中间产品在两个产业集聚之间的运输越是方便,则参加产业集聚间分工的厂商也越多。

---

① 在最远距离为 d 的两个厂商中间定位是中间产品生产者的一个占优均衡,有 n_2 个厂商均匀分布在弧长为 $\dfrac{1}{2}$ 的圆周上,因此在 $2d - \dfrac{1}{2}$ 弧长上,分布着 $2n_2\left(2d - \dfrac{1}{2}\right)$ 个厂商。

3.5　产业集聚间分工的演进

马歇尔的产业集聚中,存在着充足的中间产品,使得厂商在产品集聚中很容易便能寻找到需要的半成品。这种区域内厂商之间的生产联系甚至充斥"在空气"中(Marshall,1890)。因此,中间产品的丰富程度成为衡量一个地区产业集聚的主要特征之一。另外,Abdel-Rahman(1988)和 Ciccone&Hall(1996)都在Dixit&Stiglitz(1977)的垄断竞争模型下,证明了马歇尔关于产业集聚会引起更多的中间产品需求从而促进专业化生产的论证,这就为我们在垄断竞争市场下进一步拓展模型提供了借鉴。Holmes(1995)在上述文献的基础上进一步讨论了产业集聚中的厂商因为具有外部效应,因此比一般的普通厂商更容易从事专业化生产,且这种产业集聚和垂直专业化之间的影响是相互的。

在图 3.6 中,一个广大的地区 Y 中,存在两个产业集聚:甲地的 A 产业集聚和乙地的 B 产业集聚,两个产业集聚都可以生产最终产品和生产中间产品。那么,根据 A、B 这两个产业是否生产最终产品,以及产品相似程度不同的组合,两产业集聚间就存在多种形式的分工可能。如果 A 产业和 B 产业是上下游产业,那么这种产业集聚间的分工就是垂直分工;如果 A 和 B 之间是相同或相似产业,那么这种产业集聚间分工就是水平分工;如果 A 和 B 都只是专业化生产其中一种中间产品,那么这种产业集聚间的分工就是混合分工。

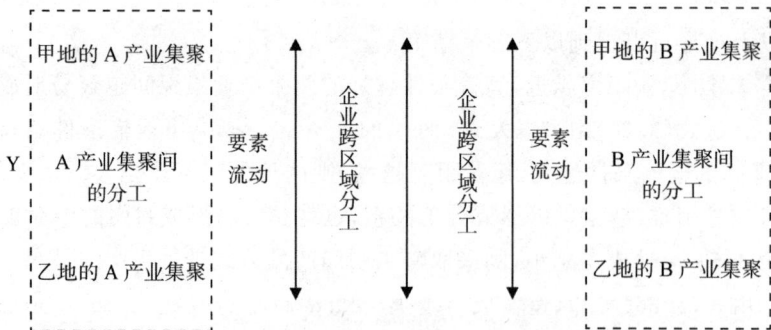

图 3.6　产业集聚间分工示意图

3.5.1　产业集聚间的垂直分工

随着以信息技术为代表的科技革命的兴起,生产的组织方式也发生了巨大的变化:由生产驱动的大批量刚性定制生产方式,被由市场驱动的小批量定制产品的柔性生产方式所替代，出现了产业组织的垂直解体现象。垂直解体给大量从事单一产品生产或加工的中小企业的发展带来了新的发展契机。垂直解体以新技术革命的迅猛发展和生产要素的自由流动为本质特征，以跨国公司的高度发展为背景，在其发端之初，区域的分工形态以产品为基本对象；而随着劳动力熟练程度的提高和工艺的精进，在相同或类似最终产品[①]生产过程中所包含的不同生产工序和区段，被拆散后在空间上分布和展开到不同的区域去生产，形成以工序、区段、环节为对象的分工体系。

垂直解体发生之初，产业集聚间分工存在着两个显著的特征：一是呈上下游产业间的垂直分工状态；二是由于价值链的简短，产业的变化往往体现在产业转移上。以日本汽车制造业为例(图3.7)，在20世纪80年代前期，参加日本汽车制造业分工体系的参与厂商分布主要在日本几大工业集聚区，包括东京大田区的机械、金属工业集聚，丰田、广岛的汽车整车和零配件生产集聚，以及室兰、釜石、福山等地的钢铁工业集聚等。这些地区由于产业的上下游关系而被紧密地联系在一起。1985年以后，日本产业集聚的结构出现了较大调整。重厚长大型的产业逐步离开城市向地方分散，20世纪90年代又离开日本向亚洲地区分散。这种产业转移是以整个产业的外迁为代价的，因此也造成了90年代日本产业的"空洞化"，以及整

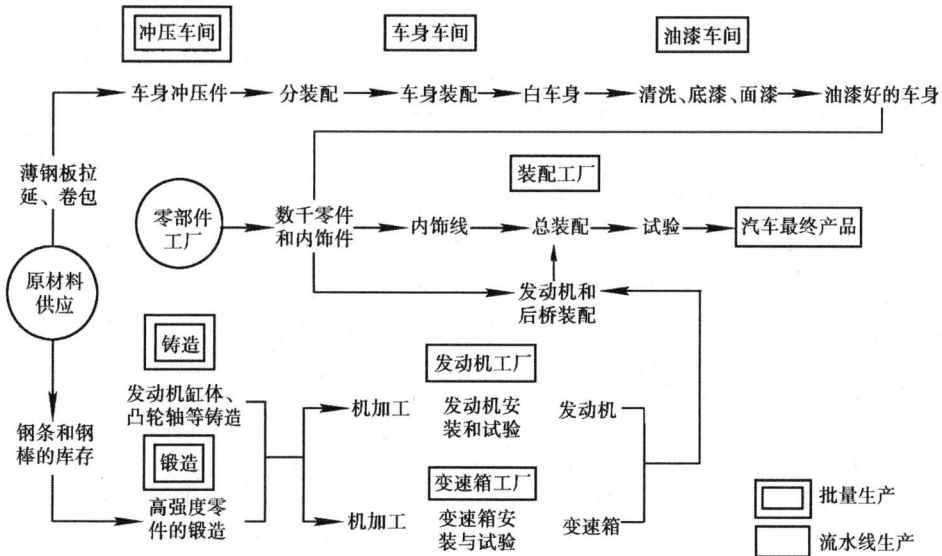

图 3.7　日本汽车制造业产业集聚间的垂直分工(丁敏，2006)

---

① 同质产品或有差异的同类产品。

个日本经济的"边缘化"。

3.5.2 产业集聚间的水平分工

随着产业内分工不断地向纵深发展,传统的产业内部不同类型的价值创造活动逐步由一个企业为主导分离为多个企业的活动,这些相互构成上下游关系、共同创造价值的企业,逐渐淡出分工体系,被产品间的分工所代替,其外在表现为两个特征:一是产品的分工被细化到每一个生产活动,每一个价值链上;二是分工更加呈现出一种更大的跨区域态势,出现了很多新颖的生产方式。特别是进入20世纪90年代以后,特许连锁(franchising)、外包生产(outsourcing)、贴牌生产(OEM)的兴起,促进了产业集聚间水平分工的蓬勃发展。这些现象都说明随着新交易和通信工具的发展和产权制度的演进,分工的加深不是在厂商内部发展,而是在越来越专业化和越来越小的企业之间发展。因此分工加深的同时,生产力上升,但平均厂商规模却下降。很多过去大而全的大公司,现在都将其很多业务外包给专业小公司,例如以前大公司有自己的车队,现在却依赖专业运输公司或租车公司;以前大公司有自己的宾馆、招待所,现在却完全依赖市场上的专业旅馆业。

从垂直解体和专业化生产中尝到甜头的企业,纷纷认识到拆分企业(disintegration)和缩减规模(down-sizing)的重要性。相较于大企业,小企业的经营成本更为低廉,经营方式更为灵活,进入壁垒也更低,这就给企业提高核心竞争力提供了保障。但同时,小企业的在生产上的无序性和盲目性也给它们带来了致命的风险,使得小企业纷纷选择集聚在一起,利用产业集聚的力量去组织生产,实现市场上讨价还价的势力。

就这样,产业集聚和分工在垂直解体的大背景下互相渗透,互相影响,形成了产业集聚间的水平分工。身处产业集聚内的企业,可以共享产业集聚和分工带来的种种正外部性,在技术进步、要素获得和劳动生产率上都具有比其他企业更为突出的竞争力,进一步巩固了产业集聚地区在该产业上的生产上优势。

3.5.3 产业集聚间的混合分工

专业化生产能力的进一步提高,又反过来促进了分工的细化,产业集聚间的产业间分工或产品间分工被整合进了另一种新型的分工:产业集聚间的混合分工,并渐成趋势。产业集聚间的混合分工,是指生产分工按照组成一种产品的不同价值链环节进行,即把某个产品生产过程包含的不同价值增值环节,拆散后在空间上分布和展开到不同的地区去进行,形成以价值增值环节为对象的分工体系。

以2007年广东和香港之间的"粤港合作"为例,图3.8表示了粤港两地各类企业数量上的增减比例。从图3.8上不难发现,整个2007年,香港企业在数量上呈现了下滑趋势，但各类别企业和广东的企业数量存在一个结构性的消长关系。香港在研究开发类企业上增加最多，而广东则是原料采购类企业增加最多，这恰恰又是香港企业减少比重最大的一类。在销售及市场推广以及地区总部两种类型上，广东企业数量减少的幅度较为明显，而香港企业数量则呈增加趋势。

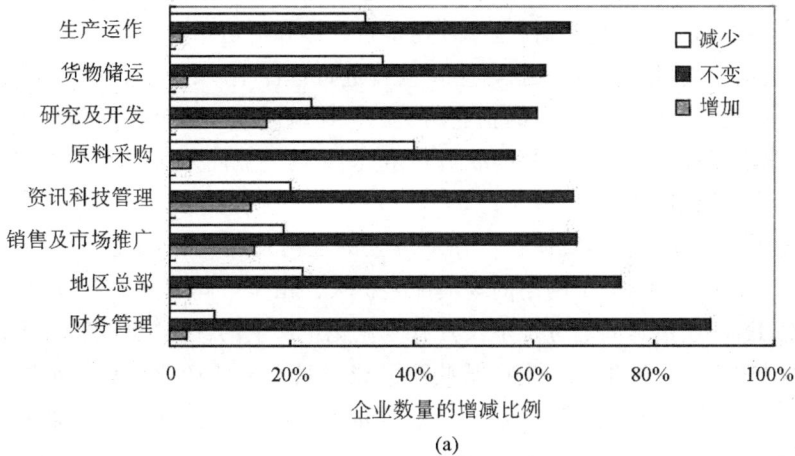

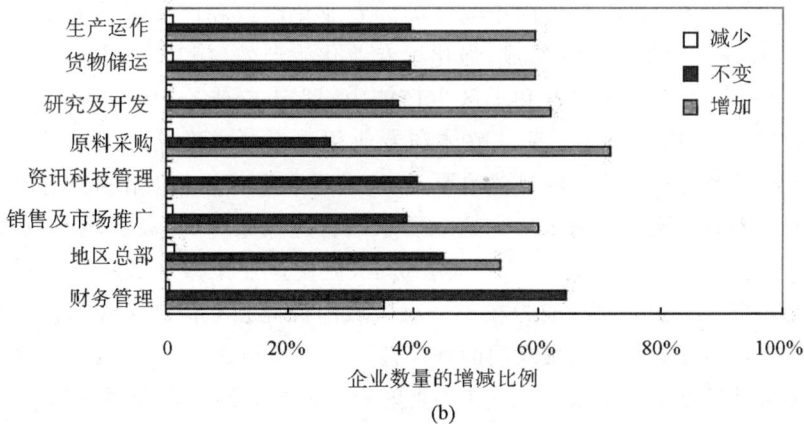

图中(a)部分显示香港各类企业类别，包括生产运作、货物储运、研究及开发、原料采购、资讯科技管理、销售及市场推广、地区总部、财务管理，横轴为企业数量的增减比例(0至100%)，图例为减少、不变、增加。

图中(b)部分显示广东各类企业类别，包括生产运作、货物储运、研究及开发、原料采购、资讯科技管理、销售及市场推广、地区总部、财务管理，横轴为企业数量的增减比例(0至100%)，图例为减少、不变、增加。

图3.8 （a）香港和（b）广东两地各类企业数量上的增减比例

资料来源：东莞市政府网

这种企业数量的变化比例，直接反映了两地产业集聚间形成的价值链分工趋势：低附加价值型产业链环节由发达地区向不发达地区转移，而高附加价值的产业链环节则趋向发达地区集中。这样一来，产业集聚间的产业边界日趋模糊，而以研发、制造、销售等价值链环节为主导的新型产业带则日渐兴起，在一个更广大的区域形成了"广域的产业集聚"，从而构成一个地区的核心竞争力。

本章小结

本章对产业集聚间分工的研究角度、产生机理和演进路径进行了分析,我们认为,产业集聚间分工可以被看作是一种在垂直解体和低运输成本基础上建立的"柔性"产业组织方式,是实现以大批量生产效益进行单件生产目标的有效方法。这种分工体系在微观上体现为复杂的企业网络——跨地区发展的公司内部形成的分工网络、产业集聚地区间达成的战略联盟网络、集聚内企业间外包关系网络以及其他新组织形式的网络。

产业集聚间分工的形成使生产在地理上的迂回程度增加,更多的地区和产业被纳入分工网络之中,分工网络的规模随之扩大。由于空间因素的介入,相比其他形式的分工,产业集聚间的分工不仅具有专业化生产上的优势,更能整合不同地区的比较优势,原本只能集中于生产某些产品或只具有某些产业优势的地区被纳入了一个更广大地区分工网络中,这个产业集聚的专业化和多样化过程推动了地区的经济成熟和发展。

在这其中,单个产业集聚内中间产品的专业化制造和广义运输成本的降低起到了重要作用。垂直解体的形成,强化了专业化生产效应和产业集聚效应之间的累积循环关系,在提高了产业和地区生产能力、锁定(lock-in)优势的同时,也带来了产品的单一化和专用性。垂直解体和专业化生产要求产品的工序具有可分离性,这势必导致其标准化意味日益浓厚,无法满足市场对差异化和多样化产品的需求,增加了产业集聚的衰退风险。这就要求改善运输条件,提高区域开放程度,推行一体化政策,大幅度削减了广义运输成本,促使产业集聚突破单个地区和单个(或很少几个)产业的界线,成为在一个大区域内彼此独立但却不免协同工作的分工单位,实现与其他产业集聚之间的外部性共享。换句话说,要实现产业集聚间的分工,必须具备以下三个条件:一是产业集聚必须发展到一定程度,即该产业集聚还处于不断加强的阶段,集聚效应还在源源不断地发挥出来;二是必须有大量可交易的中间产品存在,即必须存在垂直解体;三是广义运输成本必须处于不断降低的阶段,且总的广义运输成本远远小于分工带来的总体规模效应。

产业集聚间分工使企业从过去自我完善型的运营系统向资源外取型的运营系统转变。产业集聚也从单一性中解脱出来,不仅通过协议、合同或直接购买中间产品,把相同或类似产业的加工组装环节转移出来,又进一步转移了价值链中附加值更大的研发设计、采购、营销、服务等环节,使经济资源进一步外部化。企业不再局限于学习和本产业相关度较高的生产知识,转而热衷学习其他相关度较低产业中的设计理念、营销手段、采购渠道和服务意识等抽象的知识，甚至形成研发集聚、营销集聚等新型的产业集聚方式，形成特有的产业集聚间分工优势。这种优势包括：

（1）降低成本。相比垂直一体化企业，参与产业集聚间分工的企业，由于专注于一种产品的专业化生产，在管理成本和生产成本上更具有优势；相对于垂直专业化企业，参与产业集聚间分工的企业又具有较强的路径依赖，产业集聚之间的合作和协同关系相对紧密，降低了其在市场上的搜寻成本；相对于产业集聚之外的企业，参与产业集聚间分工的企业，由于处于一个同类企业集中、地理范围狭窄的地区，学习新技术的成本也相对较低。

（2）促进技术创新。产业集聚间分工，在一个更广阔的地理上加速了要素流动和产品交易，使技术随着劳动力和产品扩散到更多的企业中，加剧了企业间的竞争，迫使企业不断推陈出新，在广域的产业集聚中形成了浓厚的创新氛围，促进了技术创新。

（3）分工经济。产业具有自身的生命周期，如果垂直解体所导致的专业化生产使产业集聚的产出变得单一和同质，随着经济的发展和人均收入的提高，对产品的需求日趋多样化。产业的多样化倾向会引起产业转移的发生，从而影响产业集聚的稳定性，甚至会引起产业的衰退。但产业集聚间的分工通过在更广大的地区组织生产，使更多的企业和产业进入了分工网络，从而很好地规避了产业集聚本身由于专业化生产所导致的风险，成为实现产业多样化和专业化相统一的有效手段，充分发挥了分工经济的作用。

在本章中，我们在产业集聚经济和空间二维性视角下，分析了垂直解体和运输成本对产业集聚间分工的影响。首先是对垂直解体下的厂商效率和垂直一体化的厂商效率进行了对比，结果发现前者拥有更高的生产效率（见结论3.3），同时也明确了运输成本的变动取决于两个因素：运输条件和运输距离（见结论3.2）。在此基础上，我们又分析了运输成本对产业集聚间分工形成的重要作用，认为正是因为运输成本的作用，才使得产业集聚间能够最终形成分工关系，而且，结论3.4和3.5暗含了这样一个引论：运输成本的大小确定了广域产业集聚的边界。

我们将在第4、第5章中通过检验产业集聚、垂直解体、运输成本对产业集聚间分工的影响，证实前三者对产业集聚间分工产生的决定性因素，证明结论3.1～3.5；在第6章中，通过检验产业集聚间分工对产生广域产业集聚和地区竞争优势过程中的作用，验证产业集聚间分工所产生的对地区和产业的双重效应，证明结论3.4和结论3.5的引论。

4 产业集聚和产业集聚间分工

4.1 引言

处于经济社会转型时期的中国经济,不可避免地受到全球化(globalization)和本土化(localization)两种浪潮的冲击。全球化要求打破壁垒,形成开放统一的市场,促进要素在区域间的流动;而本土化则要求区域加强自身竞争力,形成比较优势。这两种看似矛盾的趋势势必影响转型中的中国经济,一方面长期封闭的国内市场需要打破地区分割和行政壁垒,实现经济的一体化;另一方面,每个地区又必须保持各自的产业特色和地区竞争优势,因此又衍生出许多产业集聚发展过程中的新现象,特别是在一些沿海发达地区出现的产业集聚间分工尤为引人瞩目。

中国的长三角地区,历来是鱼米之乡、富庶繁华之地,改革开放以来,凭借其在专业化生产上的优势,成为中国社会经济最发达的地区。其内部各次区域的历史渊源深厚,文化背景相近,市场统一开放,民营经济蓬勃发展。其中,上海作为中国经济版图上最重要的城市,在产业升级和产业结构调整上走在了全国前列,其第三产业,尤其是生产性服务业的迅速发展,让许多嗅觉灵敏的江苏和浙江商人自发地寻找产业以外的区域分工和合作(陈建军,2005;李廉水和周彩红,2007)。仅宁波一地,就有建筑、电子、服装这些宁波传统的集聚行业和龙元建设、杉杉集团、大众股份这样的著名本土企业,将企业的职能部门迁往金融、服务和研发环境更为优越的上海,形成上海滩新一代的"宁波帮",为资本最大可能地寻找利润。上海的本地企业则利用长三角便捷的交通和一体化的政策优势,将企业的制造环节迁往制造业发达的浙江和江苏。这当然不是偶然现象,也不是普通意义上的产业转移,而是企业谋求自身发展过程中利用各地不同的产业优势,在企业内部进行的区域分工,当这种趋势外扩到产业层面时,便形成了既不同于产业转移,又与单个产业集聚扩张不同的产业集聚间的区域分工。

在产业集聚和区域协作的共同作用下,劳动分工的细化不仅仅发生在一个企业。一个产业中,每个最终产品的产出都经历了产业和区域的双重分工。江苏的昆山和苏州由于集中了大量的台资和日资企业,逐渐从 OEM 加工基地演变成某一产业的产业集聚,并在江浙沪之间形成了研发、生产、销售的组织网络。在浙江,大量的中小企业和手工作坊构成了一个生产体系,比如大唐制袜被分解成 8 道工序,金乡徽章则有 12 道工序,一个村落的所有作坊可能都只负责其中一道工序。因此,如果仅从单个产业的维度去研究产业集聚(文玫,2004;贺灿飞和谢秀珍,2006),就只能通过静态比较的方法,分析单个产业集聚在不同时间和不同地区的状况,而无法从动态演化的角度对多个产业集聚的相互关系作出分析。而且,国内绝大部分对产业集聚的实证都采用了省级二位数产业的面板数据(范剑勇,2004;罗勇和曹丽莉,2005),因此无法从产业集聚内部对其机制进行剖析。当然,我们也注意到,有很多学者意识到了在产业集聚研究上的这些缺陷,从企业数据入手对产业集聚进行了深入分析(路江涌和陶志刚,2006),但这些研究或只从产业维度或只注重分析区域的产业竞争力,而忽略了产业集聚作为一个空间和产业双重作用的产物的研究意义。

有鉴于此,本章开始的实证部分将研究焦点集中于长三角三省市,用 25 个地级市三位数产业在 2001—2006 年间的规模以上企业数据,建立产业/区域二维数据库,通过对产业 $E\text{-}G$ 指数和修正后的地区 $E\text{-}G$ 指数的计算,分别衡量长三角的产业集聚在产业和区域上的集聚程度,并据此研究长三角制造业多个产业集聚在区域上的分工现象。

4.2 数据描述

在第 2 章的文献回顾中,我们已经阐明在通常的实证中,对产业集聚进行测度的数据往往来自《中国统计年鉴》中省级二位数产业的经济总量指标,这就使对产业集聚的研究缺乏微观佐证。且在指数的选择上,采用的往往是空间 Gini 系数,最后结果容易受到规模较大企业数据的影响而发生偏离。因此,本书对产业集聚的研究深入地级市的三位数产业,以企业数据作为研究对象就能为产业集聚的研究提供微观证据。

在中国的东部沿海地区,尤其是在长三角具有极为明显的产业集聚现象,且当地的垂直解体水平也远高于全国平均水平(吴福象,2005)。更重要的是,这些地方已经形成了一体化程度较高的市场。特别是长三角地区在要素流动、市场融合等很多方面都已经是一个发育相对完全的统一体(王晓娟和陈建军,2006)。因此,我们选择无论是产业发展成熟程度,还是市场一体化程度都居于全国领先水平的长三角地区作为我们的样本,以使实证检验更具有说服力和前瞻性,能在一定程度上代表产业和区域的未来发展方向和趋势。

本书选取 2001—2006 年长三角三省市 25 个地级市全部制造业产业的规模以上企业数据。地区分类按照 GB/T 2260—1999 的标准划分到地级市,这 25 个城市是浙江 11 个地市:杭州、嘉兴、湖州、宁波、绍兴、舟山、金华、台州、温州、丽水、衢州;江苏 13 个地市:南京、苏州、无锡、常州、镇江、扬州、泰州、徐州、宿迁、南通、连云港、盐城、淮安;在上海市的处理上,将市区和辖区分开。这样,尽管县/区级代码有更换变动,但以地级市为单位的区域维度仍能保持不变。

每年整个长三角规模以上制造企业数量在 7 万～10 万不等,采用了国家统计局自 1998 年沿用至今的统计口径,俗称"新规定"。规模以上企业是指全部国有企业(在工商局的登记注册类型为"110"的企业)和当年产品销售收入 500 万元以上(含)的非国有工业企业。每条记录所包含的主要数据项包括企业类型代码、所在区域代码、行业代码、工业总产值(现价、新规定)、工业增加值(现价、新规定)、职工人数、所有制形式等。其中,2001 年和 2002 年的产业分类标准使用的是 GB/T 4754—1994,从 2003 年开始产业分类标准升级为 GB/T 4754—2002,在本书中统一按照 GB/T 4754—2002 标准,对 2001 年和 2002 年的数据进行了相应调整。新规定指的是 2004 年中国颁布的新的工业统计报表制度。

4.3 研究角度与指标选取

4.3.1 研究角度

20 世纪 70 年代,小岛清以国际贸易中的 H-O-S 理论为基础,将赤松要的"雁行理论"和弗农的产品生命周期理论结合在一起,发展了产业转移理论。他认为,发达地区将在本区域内失去比较优势的产业转移到在该产业上仍具有比较优势的欠发达地区,而将资源用于本区域内具有比较优势的产业,就可以使两个地区获得"双赢"。这一理论深刻地影响了日本的对外投资和产业转移,也成为国内研究区域间产业转移的依据(陈建军,2002)。和产业转移发生在发展程度有差异的地区不同,产业同构往往是针对资源禀赋相近、产业发展程度接近的地区而言。国内的研究在提到产业同构的时候,往往以长三角为例,认为在长三角区域内产业同构现象十分严重,而产业同构现象会引起恶性竞争从而导致区域整体竞争力的下降(蔡跃洲和王瑛,2006)。另一些学者则认为,所谓的产业同构只是产业统计口径的差别,数据的粗泛是造成这一假象的原因(李清娟,2006)。

但无论是产业转移理论,还是产业同构现象,都是在产业结构的层面上来分析问题。而我们从长三角的企业跨区域发展的浪潮中发现的多个产业集聚间存在着的分工关系,则更多地站在了区域分工的角度上,即相近产业的产业集聚,在各自发展的过程中,伴随着集聚内企业的跨区域活动,又再次进行了区域间的分工。这是单从产业结构的角度无法观察到的经济现象。尽管产业集聚间的地域分工,研究的也是要素在区域间的流动,但其与产业转移、产业同构的区别在于研究角度和对象的差异。

另外,回顾我们在第 2 章中的文献综述可以发现,目前产业集聚理论在研究角度上存在两个明显的缺陷:

(1) 对多个产业集聚间关系研究的缺乏。从本质上来说,产业集聚是生产要素在空间上集中进行专业化生产的现象和过程,本身就是劳动分工的一种形式,因此,产业集聚的发展是一个动态过程,它的发展轨迹并不是孤立和绝对的。

(2) 基本产业集聚单位的缺乏。正如我们在第 3 章中论述的,产业集聚研究中对多个产业集聚间关系研究的缺乏,很重要的原因是来自于对产业集聚界线的模糊性,许多新经济地理的研究者都曾试图在 NEG 模型的框架下分析多个产业集聚的形成和演进,但因为没有找到产业集聚的明确界线,也就始终没有取得突破性的进展,多个产业集聚间的互动关系也就成为了新经济地理学的前沿问题之一(陈建军和黄洁,2008)。

可见,以上两个研究角度上的缺陷是紧密联系、相互影响的。研究产业集聚间分工就必须要建立经济和空间的二维性坐标。在本书的实证部分我们将证明把一个地级市的三位数产业集聚定义为一个基本的产业集聚单位是比较合适的。同时,与传统的产业集聚理论相比,我们研究的产业集聚间分工更倾向于生产的组织结构,而非对产业结构。

4.3.2 产业集聚的相关指标

在通常的研究中,用来衡量产业集聚的指标包括胡佛系数和空间 Gini 系数(或称区位商)等,这些指标随着研究的深入都得到了进一步的发展和修正。其中,最有影响力的是 Ellison&Glaeser(1997)用 dartboard 方法修正的空间 Gini 系数。

1. 空间 Gini 系数

传统的空间 Gini 系数的计算方法为用某地区某产业的从业人数占一国该产业总就业人数的比值,和该地区全部劳动人口占一国总劳动人口的比值相比较的结果来说明某地区某产业的集中程度。用公式表示为:

$$G_k = \frac{1}{2n^2 \bar{s}_k} \sum_{ik} (S_{ik} - X_i)^2, 0 \leqslant G_k \leqslant 1 \qquad (4.1)$$

其中，i,k 分别表示地区和产业。G_k 为 k 产业的空间基尼系数，$G_k = 1$ 时，全国 k 产业都集中于一个地区；$G_k = 0$ 时，k 产业在全国平均分布；系数越接近 1，表明产业在地理上愈加集中。S_{ik} 是 i 地区 k 产业就业人数占全国 k 产业总就业人数的比重，X_i 是 i 地区就业人数占全国总就业人数的比重，$\bar{s}_k$ 是全国 k 产业的平均份额。这种计算方法也为 Krugman 所采用。

2. E-G 关于产业集聚的指数

Ellison&Glaeser(1997)认为，空间 Gini 系数大于零并不一定表明有产业集聚发生了，因为企业的规模是有差异的，方差的计算方法会高估一地的产业集聚度。他们提出了被后来者称为 E-G 指数的产业集聚指数，计算公式如下：

$$\gamma_k^0 \equiv \frac{G_k - (1 - \sum_i x_i^2)H_k}{(1 - \sum_i x_i^2)(1 - H_k)} = \frac{\sum_{i=1}^{M}(s_{ik} - x_i)^2 - (1 - \sum_{i=1}^{M} x_i^2)\sum_{i=1}^{N} z_{jk}^2}{(1 - \sum_i x_i^2)(1 - \sum_{j=1}^{N} z_{jk}^2)} \quad (4.2)$$

其中，各指标含义如表 4.1 所示，γ_k^0 可被大致地看作是 G_k 和 H_k 的差值，$E(\gamma_k) = G_k$，H_k 是产业中以就业人数为标准计算的企业规模分布，X_i 含义同空间 Gini 系数。同样地，$\gamma_k^0 \in [0,1]$，γ_k^0 值越大，表明产业集聚程度越高，反之则越低。

表 4.1 γ_k^0 指数各指标含义

指 标	含 义
i	地区
k	产业
r	i 地区从属于 r 地区
j	i 地区 k 产业中以工业总产值为标准计算的规模企业
s_{ik}	i 地区 k 产业工业总产值占全国 k 产业工业总产值的比重
X_i	i 地区工业总产值占全国工业总产值的比重
N	i 地区 k 产业的规模居前 N 位的企业数量
M	r 地区有 M 个 i 级别的地区
$G_k\left(G_k = \sum_{i=1}^{M}(s_{ik} - x_i)^2\right)$	空间 Gini 系数，$G_k = 1$ 时，k 产业在全国平均分布，系数越接近 1，表明产业在地理上愈加集中
$H_k\left(H_k = \sum_{j=1}^{N} z_{jk}^2 = \sum_{j=1}^{N}(x_{jk}/x_k)^2\right)$	k 产业的赫芬达尔指数(Herfindahl Index)

3. 测度产业集聚间分工的 $E\text{-}G$ 共同集聚指数

$E\text{-}G$ 指数中的第二个指标 γ_k^c 可以用来估算产业组间（industry group）的共同集聚程度（co-agglomeration）。在区域经济学中，对地区间分工的衡量，是以比较优势理论为基础，以要素密集作为两地区分工的标准（孙杰和余剑，2007）。而统计数据并不能显示出一个国家内部行政区域之间的贸易往来，也就无法量化地区间的分工情况。但在本书的研究中，$E\text{-}G$ 的共同集聚指数其实就是一种专业化分工指数。如果产业组内的产业是横向联系的，γ_k^c 表示的就是这些产业是否趋向于将类似的生产工序或价值链制造环节在此地进行协同生产，共享信息、技术、劳动力和中间产品，根据各自不同的要素密集程度和自然禀赋，生产差异化的产品。这样一来，γ_k^c 表示的就是水平分工水平。如果产业组内的产业是上下游关系的，那么，γ_k^c 反映的就是这些产业在一地区内的垂直分工水平（Ellison&Glaeser，1997），Ellison&Glaeser(1997)用 100 个上下游产业的共同集聚估测了它们之间的垂直分工水平（co-agglomeration with upstream and downstream relationships）。计算公式为：

$$\gamma_k^c \equiv \frac{\left[G_k/(1-\sum_i x_i^2)\right]-H_k-\sum_{l=1}^{L}\gamma_l^0\omega_l^2(1-H_l)}{1-\sum_{l=1}^{L}\omega_l^2} \tag{4.3}$$

其中，ω_l 表示 l 产业在 k 产业组中的产值比重，L 表示 k 这个产业组包含了 L 个子产业。$E(\gamma_k^c)=G_k$，$\gamma_k^c \in [-1,1]$，γ_k^c 越接近于 1，则产业间的关联性程度越高，越接近于 -1 就意味着相互之间的关系越松散。$\gamma_k^c < 0$ 时，表示 k 产业群中的产业相互间的离心力大于集聚力，而 $\gamma_k^c > 0$ 则相反。在区域经济学中，对地区间分工的衡量，是以比较优势理论为基础，以要素密集作为两地区分工的标准。而统计数据并不能显示出行政区域之间的贸易往来，也就无法量化地区间的分工情况。但在本书研究的产业集聚中，采用的 $E\text{-}G$ 指数其实就是一种专业化分工指数。

4. 简化了的地区 $E\text{-}G$ 指数

$E\text{-}G$ 指数的好处是显而易见的，它排除了空间 Gini 系数中大规模企业对产业集聚的夸大估计，能从更为客观的角度量化产业集聚的程度；同时，也提供了量化产业间溢出效应的工具。但 $E\text{-}G$ 指数对数据的要求很高，特别是要计算各个产业的赫芬达尔指数，要求有精确到企业层面的微观数据作为支撑。Devereux et al. (2002)对此作出了简化，他们将 γ_k^c 简化为 $\beta_k^c \equiv \dfrac{G_k-\sum_{l=1}^{L}(G_l\omega_l^2)}{1-\sum_{l=1}^{L}\omega_l^2}$（各因子的意义同

γ_k 计算公式),β_k 为 γ_k^c 的无偏估计。从 β_k 指数本身而言,它表示的是长三角地级市之间的区域产业的溢出效应,但国内的实证研究中也有学者以此估算产业同构系数(路江涌和陶志刚,2006)。本书利用这个指数固有的含义,将该公式中表示产业的 k 置换成表示地区的 r,来构造表示地区间溢出效应的 β_r。

$$\beta_r \equiv \frac{G_r - \sum_{j=1}^{r}(G_j \omega_j^2)}{1 - \sum_{j=1}^{r} \omega_j^2} \tag{4.4}$$

类似 G_k 的含义,$G_r = \sum_k (m_k - x_k)^2$,$m_k$ 表示 r 地区 k 产业的工业总产值占 r 地区工业总产值的比重,x_k 表示全国 k 产业的工业总产值占全部工业总产值的比重。

5. 本书采用的方法

本章将 6 年总计 86 万余家企业的数据作为基本的数据库,以地级市三位数产业集聚作为一个基本的产业集聚单位,从中计算每个基本单位的 s_{ik},以及每个地级市的 x_i,然后得出该产业集聚的空间 Gini 系数和 γ_i^0。同样地,我们又以地级市二位数产业的企业数据为样本,在 E-G 指数下计算了长三角二位数产业集聚的情况,用 γ_k^0 表示。接着对地级市三位数产业集聚间的分工程度进行了估算,用 γ_k^c 表示(陈建军和黄洁,2009)。最后,在第 6 章中,我们还将计算长三角地区性因素对产业集聚的影响,用 β_r 表示。

特别需要指出的是,在分析产业集聚间分工的时候,我们采用了以一个二位数产业作为一个产业组的方法:先计算浙江、江苏、上海三省市二位数产业在地级市层面上的集聚情况,再选取每个二位数大类产业作为一个产业组,观察隶属于一个二位数产业的三位数产业集聚之间的分工程度。虽然通常在提到产业关联时,研究的是上下游产业间的纵向联系,用投入-产出表来反映产业的关联,但从马歇尔共享技术溢出、劳动力集中和中间产品丰富的角度看,麻织工业和棉纺织工业之间的联系不会弱于棉花原产地和棉纺织工业的关系;制造业的分类划分是按照最终产品的相似性标准的,也就是说,制造业的产业分类反映了产品间的差异性或上下游关系的片段。如二位数代码 17,代表的是纺织业,它包含了 171-棉、化纤纺织及印染精加工、172-毛纺织和染整精加工、173-麻纺织、174-丝绢纺织及精加工这四个差异性中间产品;它们和 175-纺织制成品制造、176-纺织带和帘子布制造、177-针织品、编制品及其制品制造之间存在着部分的纵向产业关联。因此,在这里用二位数产业和三位数产业之间的关联可以比单纯的投入-产出关系更好地反映出产业集聚间分工的复杂种类,也更符合杨小凯等人对分工的定义和马歇尔、克鲁格曼所提到的"外部规模经济"。

因为对地区产业多样化的计算中,规模较大的企业并不会影响最终值的判断,

因此对 β_r 的计算采用了 Devereux et al. (2002)的简化方法,并用于衡量产业集聚间分工对地区产业多样化的贡献,从而从总体上衡量产业集聚间分工对地区竞争优势的作用(马国霞等,2007)。

特别地,在 H_k 的计算过程中,由于考虑到每个产业所包含的企业数量是不同的,很难对其找到一个适用于所有产业的 N 值,因此本书在计算赫芬达尔指数时对其进行了修正,取 $N=10$(表 4.2),但并不直接从长三角地区中直接筛选,而是把地级市中的前 10 位企业的赫芬达尔指数作为 H_{ik},再赋予 H_{ik} 一个权数 s_{ik},有 $H_k \equiv \sum_{i=1}^{M} s_{ik} H_{ik}$。这样,虽然 $\gamma_k^{0\prime}$ 不再是 γ_k^0 的无偏估计,但 $E(\gamma_k^{0\prime}) = E(\gamma_k^0)$ 仍然成立。

表 4.2　本书计算中用到的参数与相对应的数据

指　标	含　义
i	长三角的地级市
k	二位数产业
l	三位数产业
r	长三角地区
j	二位数产业中的规模企业
S_{ik}	i 地级市 k 产业工业总产值占全国 k 产业工业总产值的比重
X_i	i 地级市二位数工业总产值占全国工业总产值的比重
N	$N=10$
M	$M=26$

4.4　长三角产业集聚概况

4.4.1　长三角的二位数产业集聚

根据 $\gamma_k^{0\prime} \equiv \dfrac{G_k - (1-\sum_i x_i^2) H_k}{(1-\sum_i x_i^2)(1-H_k)} = \dfrac{\sum_{i=1}^{M}(s_{ik}-x_i)^2 - (1-\sum_{i=1}^{M} x_i^2)\sum_{i=1}^{M} s_{ik} H_{ik}}{(1-\sum_i x_i^2)(1-\sum_{i=1}^{M} s_{ik} H_{ik})},$

我们将长三角 26 个地级市单位的工业总产值作为样本①,用修改后的 $E\text{-}G$ 指数对长三角在二位数和三位数上的产业集聚进行了计算,得到的结果如表 4.3 所示。

表 4.3　2001—2006 年长三角二位数行业 γ_k^0 指数和区位 Gini 系数值

行业类别	2001 年		2002 年		2003 年		2004 年		2005 年		2006 年	
	γ_k^0	Gini	γ_k^0	Gini	γ_k^0	Gini	γ_k^0	Gini	γ_k^0	Gini	γ_k^0	Gini
13	4.11	4.08	4.32	4.28	4.84	4.80	4.99	4.95	4.79	4.76	2.65	2.56
14	0.91	0.92	1.02	1.03	0.99	0.99	1.38	1.37	1.60	1.59	2.60	2.58
15	4.75	4.81	4.97	5.05	5.52	5.61	6.46	6.41	4.38	4.39	3.30	3.31
16	0.85	1.18	1.09	1.48	1.41	1.83	0.40	0.90	0.36	0.76	1.75	2.19
17	9.65	9.58	11.11	11.04	11.66	11.57	12.97	12.85	11.93	11.85	9.71	9.65
18	5.20	5.19	4.64	4.63	4.58	4.56	3.86	3.84	3.71	3.71	5.15	5.15
19	9.84	9.78	12.52	12.44	11.27	11.21	13.88	13.76	13.60	13.52	12.31	12.24
20	4.17	4.18	4.10	4.10	4.49	4.47	6.59	6.53	7.33	7.30	7.89	7.86
21	1.38	1.39	1.37	1.38	1.34	1.34	3.53	3.62	3.26	3.32	2.81	2.87
22	3.26	3.26	3.51	3.53	3.50	3.50	3.21	3.18	2.81	2.81	2.37	2.37
23	1.66	1.67	1.46	1.47	1.31	1.32	2.17	2.16	1.65	1.65	1.64	1.63
24	9.55	9.55	9.75	9.75	6.26	6.26	5.44	5.42	6.59	6.58	4.66	4.65
25	3.04	3.35	2.73	3.04	2.89	3.22	3.95	4.21	3.80	4.05	3.61	3.80
26	0.73	0.74	1.06	1.07	1.14	1.16	1.13	1.15	1.10	1.13	1.33	1.35
27	1.30	1.30	1.41	1.41	2.01	2.02	2.45	2.44	2.49	2.50	4.26	4.24
28	16.86	17.30	20.21	20.69	28.64	29.28	34.93	34.88	41.30	41.95	43.60	44.20
29	0.72	0.77	0.61	0.66	0.72	0.79	0.86	0.91	1.08	1.16	1.14	1.22
30	1.34	1.33	1.89	1.89	1.87	1.87	1.91	1.90	1.98	1.97	2.22	2.21
31	1.39	1.38	1.40	1.39	1.80	1.79	1.28	1.27	1.48	1.47	1.05	1.04
32	2.57	2.89	1.08	1.33	0.88	1.05	1.45	1.52	1.41	1.53	2.18	2.29
33	1.88	1.87	1.68	1.67	2.10	2.09	1.81	1.79	1.66	1.66	1.05	1.05

①　在国外的研究中一般采用职工人数作为研究样本,但考虑到中国制造业劳动力流动幅度较大,且受劳动法政策变动的影响较大,因此,在本书的实证中主要采用工业总产值和新增值。

续 表

行业类别	2001 年		2002 年		2003 年		2004 年		2005 年		2006 年	
	γ_k^p	Gini	γ_k^p	Gini	γ_k^p	Gini	γ_k^p	Gini	γ_k^p	Gini	γ_k^p	Gini
34	1.12	1.11	1.49	1.49	2.42	2.41	3.04	3.02	2.46	2.45	4.29	4.27
35	3.53	3.54	3.85	3.86	4.18	4.18	4.34	4.33	4.18	4.18	1.07	1.10
36	0.86	0.86	0.83	0.83	0.94	0.94	0.74	0.74	0.58	0.58	1.68	1.67
37	4.13	4.48	4.42	4.71	5.07	5.46	2.62	2.75	1.67	1.73	1.14	1.21
39	0.42	0.41	0.45	0.44	1.22	1.21	1.37	1.36	1.16	1.16	4.69	4.66
40	1.17	1.17	1.37	1.37	7.03	7.14	11.39	11.39	11.74	11.77	8.01	8.04
41	2.44	2.50	2.65	2.68	4.64	4.74	5.96	5.96	6.32	6.46	6.59	6.67
42	4.51	4.59	3.84	3.90	5.46	5.42	34.75	34.44	5.50	5.47	4.52	4.50
43	4.23	4.21	3.74	3.73	30.02	31.09	21.27	21.20	36.40	36.89	41.70	41.82

数据来源：中国工业企业统计数据库，行业类别编号对照 GB/T 4754-2002。

注：为能在表中清楚表示，γ_k^p、Gini 均为 $\gamma_k^p \times 100$ 和 Gini$\times 100$；13-农副食品加工业；14-食品制造业；15-饮料制造业；16-烟草制品业；17-纺织业；18-纺织服装、鞋、帽制造业；19-皮革、毛皮、羽毛(绒)及其制品业；20-木材加工及木、竹、藤、棕、草制品业；21-家具制造业；22-造纸及纸制品业；23-印刷业和记录媒介的复制；24-文教体育用品制造业；25-石油加工、炼焦及核燃料加工业；26-化学原料及化学制品制造业；27-医药制造业；28-化学纤维制造业；29-橡胶制品业；30-塑料制品业；31-非金属矿物制品业；32-黑色金属冶炼及压延加工业；33-有色金属冶炼及压延加工业；34-金属制品业；35-通用设备制造业；36-专用设备制造业；37-交通运输设备制造业；39-电气机械及器材制造业；40-通信设备、计算机及其他电子设备制造业；41-仪器仪表及文化、办公用机械制造业；42-工艺品及其他制造业；43-废弃资源和废旧材料回收加工业。

  表4.3反映了长三角地区6年的 γ_k^p 值总体趋于上升，产业集聚程度的分化趋于明显，即最大值和最小值之间的差值越来越大(图4.1)，其原因主要是由于高集聚的产业集聚程度日益加强。特别是化学纤维制造业、文教体育用品制造业、废弃资源和废旧材料回收加工业、皮革、毛皮、羽毛(绒)及其制品业、通信设备、计算机及其他电子设备制造业一直处于前几位，且集聚程度逐年增加。而烟草制品业、专用设备制造业、橡胶制品业、黑色金属冶炼及压延加工业、非金属矿物制品业这些工业则始终处于较为分散的状态，其原因可以归结为这些产业或为垄断性行业，或对自然资源依赖性较强。上述结果与大多数对长三角产业集聚的研究相符合(范剑勇，2004)，也与常识相符合。

  同时，不同的二位数产业的空间分布之间分化越来越趋于明显，即最大值和最小值之间的差值越来越大(图4.1)，呈现出一种所谓"自我增殖"效应(Fujita et al.，

1999)验证了产业集聚自我加强的特征。像化学纤维制造业、文教体育用品制造业、废弃资源和废旧材料回收加工业、皮革、毛皮、羽毛(绒)及其制品业、纺织服装、鞋、帽制造业、通信设备、计算机及其他电子设备制造业等几个长期处于高集聚状态的产业,集聚程度逐年上升。而烟草制品业、专用设备制造业、橡胶制品业、非金属矿物制品业、黑色金属冶炼及压延加工业,则始终处于较为分散的状态。

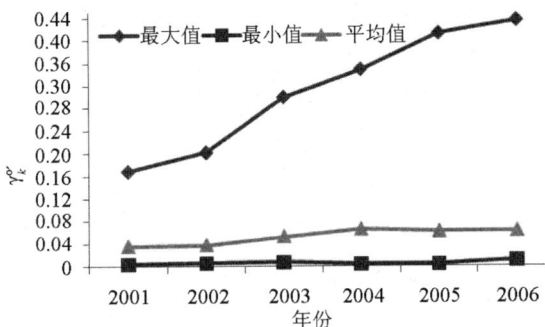

图 4.1　2001—2006 年长三角二位数产业 γ_k^v 值趋势

数据来源:中国工业企业统计数据库

4.4.2　长三角的三位数产业集聚

表 4.4 的左侧是 2001—2006 年长三角 167 个三位数产业中年平均集聚程度最高的 20 个产业,右边是最分散的 20 个产业。我们发现,产业集聚程度最高的 20 个产业基本可以分为两类:

一类是严重依赖自然资源的产业。比如集聚程度最高的 154-精制茶加工,由于气候和土壤的原因,全国市场上最高档的绿茶"龙井"、"碧螺春"等只能出产在浙江的杭州、江苏的无锡等有限的几个地区,且茶叶的制作工艺要求其加工地必须紧靠产地,因此精制茶加工业的集聚程度较高合情合理。这个原因同样可以解释 174-丝绢纺织与精加工、423-煤制品制造、321-炼铁这三个需要靠近原料产地的产业集聚。

另一类是整体产业集聚水平较高的产业。比如 28-化学纤维制造业的两个三位数产业全部都处于前 20 位(282-合成纤维制造、281-纤维素纤维原料及纤维制造),23-印刷业和记录媒介的复制中也有两个三位数产业居于前 20 位(232-装订及其他印刷服务活动、233-纸制品制造)等,同样情况的还有 19-皮革、毛皮、羽毛(绒)及其制品业、43-废弃资源和废旧材料回收加工业、40-通信设备、计算机及其他电子设备制造业。同样,这个现象也发生在产业集聚水平较低的几个产业,比如 31-非金

表 4.4　2001 年—2006 年长三角三位数产业年平均集聚程度

三位数代码	产业名称	$\overline{r_i^0} \downarrow$	三位数代码	产业名称	$\overline{r_i^0} \downarrow$
154	精制茶加工	0.106378	311	水泥、石灰和石膏的制造	0.010143
282	合成纤维制造	0.099749	302	塑料板、管、型材的制造	0.012862
232	装订及其他印刷服务活动	0.095304	314	玻璃及玻璃制品制造	0.013082
432	非金属废料和碎屑的加工处理	0.092350	266	专用化学产品制造	0.013083
194	羽毛(绒)加工及制品制造	0.082192	396	非电力家用器具制造	0.014329
415	文化、办公用机械制造	0.080730	137	蔬菜、水果和坚果加工	0.014383
245	游艺器材及娱乐用品制造	0.079132	393	电线、电缆、光缆及电工器材制造	0.014485
424	核辐射加工	0.072944	359	金属铸、锻加工	0.014908
241	文化用品制造	0.069554	274	中成药制造	0.015290
423	煤制品制造	0.069129	367	农、林、牧、渔专用机械制造	0.015465
281	纤维素纤维原料及纤维制造	0.065166	152	酒的制造	0.015669
373	摩托车制造	0.065138	355	轴承、齿轮、传动和驱动部件的制造	0.015743
174	丝绸纺织及精加工	0.063725	181	纺织服装制造	0.016511
405	电子器件制造	0.061816	394	电池制造	0.016627
376	非食用植物油加工	0.061539	263	农药制造	0.016773
141	焙烤食品制造	0.060784	182	纺织面料鞋的制造	0.016856
191	皮革鞣制加工	0.058853	335	有色金属压延加工	0.017202
399	其他电气机械及器材制造	0.055716	149	其他食品制造	0.017666
321	炼铁	0.054240	262	肥料制造	0.017719
233	纸制品制造	0.051052	244	玩具制造	0.017956

数据来源：中国工业企业数据库，行业类别编号对照 GB/T 4754-2002

属矿物制品业是分布较散的产业，其中的 311-水泥、石灰和石膏的制造和 314-玻璃和玻璃制品的制造居于最分散的 20 个产业之列，还有 26-化学原料及化学制品制造业也是这种情况。

这就印证了新经济地理学关于产业集聚形成中的分析，第一类产业集聚具有明显的先发优势,依赖的是自然禀赋;第二类产业集聚则是后发优势累积的代表,其产生的原因也许只是因为"历史的小火花",之后便形成了路径依赖,不断进行自我加强。

如果我们把表 4.3 中所有二位数产业的集聚状况和表 4.4 中三位数产业集聚状况对照起来看,并结合 Ellison&Glaeser(1997)以及路江涌和陶志刚(2004)的结果,可以发现我们的计算结果中与他们不谋而合的部分:

(1) 使用 E-G 指数可以排除较大企业对产业集聚程度的偏大估计,表 4.3 结果中 $\bar{\gamma}_k^0 < \bar{G}_k$ 证明了这一点。

(2) Ellison&Glaeser(1997)分别用二位数、三位数和四位数产业数据计算了 1987 年美国全国、各个州以及各个区的 γ_k 值,结果显示 E-G 指数具有包括的地区单位越大、行业划分越细、γ_k 值越大的特点。我们的结果也符合 Ellison 和 Glaeser 的总结。

(3) 本书计算的 γ_k^0 值(表 4.3)大于路江涌和陶志刚计算的省级单位二位数产业集聚的 γ_k 值,而小于三位数产业集聚 γ_l^0 的值,表 4.4 反映了部分该结果[①]。

另外,我们也发现了一些以往没有人注意的特点,比如 321-炼铁是长三角产业集聚程度最高的 20 个产业之一,但其所属的二位数产业 32-黑色金属冶炼及压延加工业的 γ_k^0 却极小,反映了该产业在区间的分布比较分散均匀。再比如,长三角地区的纺织制造业(行业代码 18)一直被当作是产业集聚非常明显的产业,但我们的实证结果显示,其二位数产业集聚程度居于中游水平,而三位数产业中的 181-纺织服装制造和 182-纺织面料鞋的制造则在 167 个三位数产业中居于下游水平。同样情况的产业还有 30-塑料制品业和 302-塑料板、管、型材的制造;37-交通运输设备制造业和 373-摩托车制造等等。

这些二位数产业集聚和三位数产业集聚水平上明显的相反分布态势,一方面是由于 E-G 指数本身产业划分越细,地区单位越大则集聚效应越被放大的特点决定的;另一方面也提醒我们,对产业集聚的实证不能只停留在省级二位数产业上,这样得出的结论往往会遮掩很多有趣的经济学事实。因此在下文关于产业集聚间分工的分析中,我们以地级市三位数产业作为一个基本的产业集聚单位,并得出以下命题:

命题 4.1:二位数产业集聚和三位数产业集聚水平间并不一定存在一致性。对于这个问题我们将在本书的第 6 章中详细展开。

---

① 因限于篇幅,不再详细罗列 26 个地级市 167 个产业 6 年的 γ_l^0。

4.5 长三角产业集聚间分工

如前所述，γ_k 可以用以表示产业集聚间的分工水平，因此我们又测算了每个基本产业集聚单位在相关大类产业组下面的 γ_k 值，来表示它们相互之间的分工联系。我们的计算方法是：

利用在表 4.4 中计算得到的所有三位数产业的产业集聚状况 γ_l^0，把每个 l 与它所属的 k 对应起来，把一个二位数产业 k 作为一个产业组，计算各自的 w_l，然后根据式(4.3)计算该产业组上集聚间分工的水平。得到的结果 γ_k，表示长三角 26 个地级市 167 个三位数产业 γ_l^0 为基础的二位数产业组内的分工水平(图 4.2)。

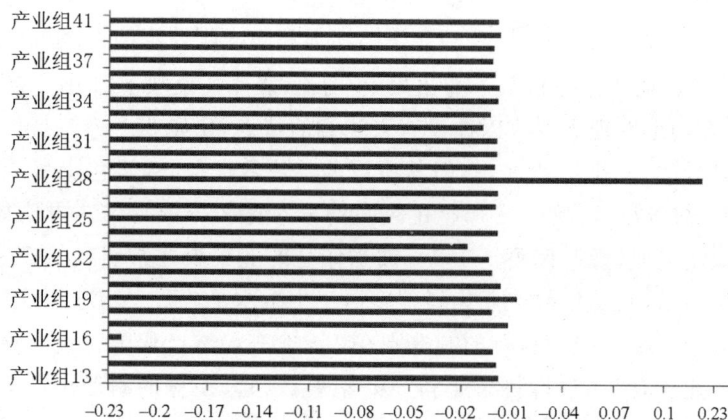

图 4.2　长三角 2001—2006 年三位数产业的产业集聚间分工

数据来源：中国工业企业统计数据库，行业类别编号对照 GB/T 4754-2002

2001—2006 年间，30 个二位数行业组中有 15 个组的年平均 γ_k 值小于 0，剩下 15 个组则大于 0，平均集聚程度为 -1。也就是说，在全部 30 个二位数制造业组中，只有一半的产业组没有发生集聚间的水平分工，而这没有发生水平分工的产业组中，$\overline{\gamma_k}<-1$ 的行业其实只有 4 个：16-烟草制品业，42-工艺品及其他制造业，25-石油加工、炼焦及核燃料加工业，23-印刷业和记录媒介的复制业。其中，印刷业的 γ_k 值为 -1.7，接近平均水平。γ_k 最小的烟草和石油产业都是投资大、企业数量少的国家垄断型产业，并不能影响对全体制造业的解释，从而验证了第 3 章中关于产业集聚间分工存在性的命题 3.1。

图 4.3 反映了每年所有产业的 γ_k 均值，我们发现它的平均值并不稳定，随时间

变化的趋势并不明朗,其中 2002 年(-0.03)、2005 年(-0.02)和 2006 年(-0.03)的值都小于 0,表示产业集聚间分工对该产业组产生了反作用,反而促使其趋于分散;2001 年(0.0006)、2003 年(0.007)和 2004 年(0.017)的值虽然大于 0,但绝对值并不大。同时我们发现,相对于平均值而言,方差的变化相对比较稳定,除了 2002 年(0.03)和 2006 年(0.05)的方差相对较大之外,其他四年的方差都比较接近于 0。

我们将 $\overline{\gamma}_k^p$ 和 $\overline{\gamma}_k$ 按降序排列,发现排在前 4 位产业的次序是一样的,越往后差异越大[①]。由于平均值和方差都是绝对数量,容易受到奇异值的影响,考虑到不同产业在集聚水平上的差异会影响 $\overline{\gamma}_k$ 值的大小,因此我们又测算了各个产业组在 6 年中的方差和变异系数来表示其分工的稳定性。变异系数 A_k 定义为 $A_k = | Var(\gamma_k) / \overline{\gamma}_k |$,这是一个相对数,目的是去除方差、平均值这些绝对数值带来的产业集聚程度高低比较上的困难。

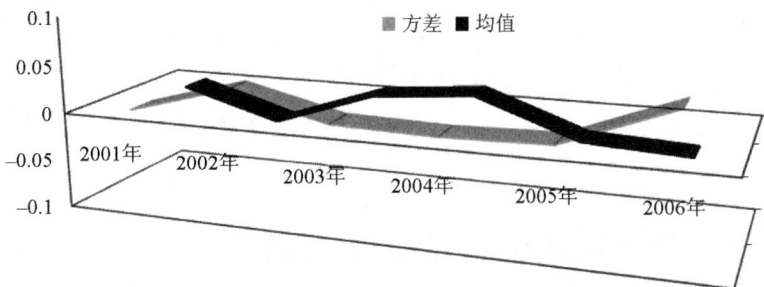

图 4.3 2001—2006 年长三角 30 个产业组产业集聚间分工的均值和方差

数据来源:中国工业企业数据库

从图 4.4 中我们发现变异系数较大的 6 个行业分别为 16-烟草制品业,18-纺织服装、鞋、帽制造业,25-石油加工、炼焦及核燃料加工业,28-化学纤维制造业,42-工艺品及其他制造业和 43-废弃资源和废旧材料回收加工业。同时,上述产业 6 年的 γ_k 值的序位中有 4 个产业的变化幅度较大,位次分布很分散。其中,烟草制品业在 2005 年和 2006 年共同集聚程度下降很快;石油加工、炼焦及核燃料加工业则一直起伏较大,没有呈现出稳定的产业共同集聚特性。因为这两个产业在 6 年中受到政策面的影响很大,和长三角地区的整体产业结构向重型化发展有重大关系,而受产业本身特性的影响相对较小。工艺品及其他制造业和废弃资源和废旧材料回收加工业在 2003 年前后的产业共同集聚程度有很大的变化,我们可以将其归因

---

① $\overline{\gamma}_k^p$ 从大到小的排列顺序是 28、43、19、17、42、24、40、20、15、41、18、13、35、25、37、22、34、27、21、30、33、23、32、39、14、31、26、16、36、29;$\overline{\gamma}_k$ 从大到小的排列顺序是 28、43、19、17、20、40、13、35、34、24、27、41、30、14、31、26、36、29、15、39、21、37、18、33、22、32、23、25、42、16。

于产业分类标准的调整,新标准中的 42 类变动较大①,而 43 类则为新增,由原标准中的 6290 得来。而作为长三角地区最重要的产业集聚之一,18-纺织服装、鞋、帽制造业和 28-化学纤维制造业的位次变化则很小。

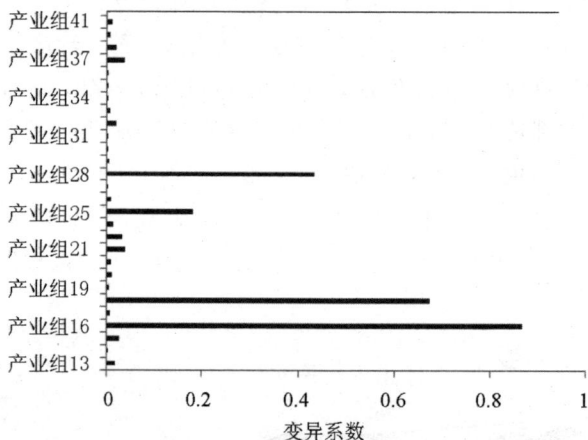

图 4.4　2001—2006 年长三角地级市三位数产业集聚的变异系数

4.6　长三角产业集聚间分工和产业集聚

与 Ellison 和 Glaeser 直接使用投入-产出表中关联程度高的产业来观察产业集聚的联系不同,我们使用的产业组直接就是三位数产业所从属的二位数产业,因而容易引起误解:是不是在二位数产业集聚上的集聚就一定会带来三位数产业在该地的共同集聚呢? 因此,必须整理产业集聚和产业集聚间的计算结果,以观察三位数产业集聚间分工和产业集聚间的关系,验证第 3 章中提到的命题 3.2 是否成立。

与图 4.3 呈现出来的产业集聚间分工随时间变化有较大起伏不同,纵观长三角 6 年间产业集聚的状况,总体程度趋于上升,图 4.5 中 30 个二位数产业集聚值的频率直方图反映了这一点。而产业集聚间分工则并没有呈现出这样整齐的总体规律。

---

① 现行产业分类中编号为 42 的行业,由原标准中的编号为 43 的行业中新增 4 个小类,合并、分解和调整 4 个小类得到,其中新增的小类为所有大类行业中最多。

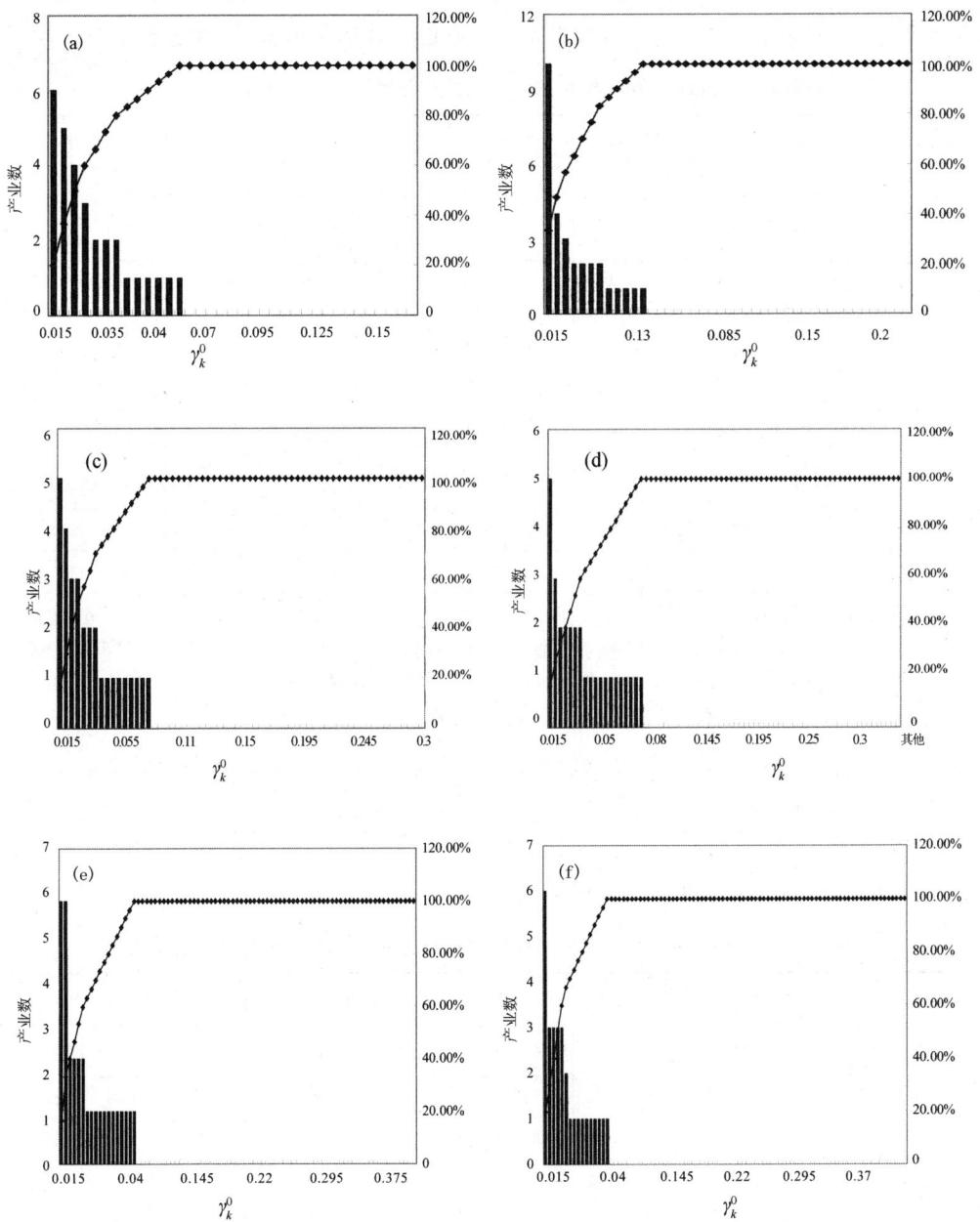

图 4.5　2001—2006 年长三角二位数产业集聚值的分布

(a)2001 年；(b)2002 年；(c)2003 年；(d)2004 年；(e)2005 年；(f)2006 年

数据来源：中国工业企业数据库

我们将按年平均的分工水平最低（$\bar{\gamma}_k < -0.01$）的 4 个行业单列出来，放在双划线以下，并将 $\bar{\gamma}_k$ 最大（$\bar{\gamma}_k \geq 0.03$）的 5 个行业也一并单列出来，得到了表 4.5。

表 4.5 2001—2006 年长三角二位数产业集聚和产业集聚间分工

行业类别	$\bar{\gamma}_k$ ↓	2001 年		2002 年		2003 年		2004 年		2005 年		2006 年	
		γ_k^0	γ_k	γ_k^0	γ_k	γ_k^0	γ_k	γ_k^0	γ_k	γ_k^0	γ_k	γ_k^0	γ_k
28	12.22	16.86	−4.28	20.21	−3.540	28.64	28.92	34.93	23.31	41.30	−14.72	43.60	43.663
43	4.060	4.230	0.003	3.740	0.001	30.02	13.20	21.27	−0.15	36.40	0.101	41.70	11.231
19	1.260	9.840	0.680	12.52	0.880	11.27	1.690	13.88	2.720	13.60	0.720	12.31	0.8913
17	0.790	9.650	−0.020	11.11	−0.070	11.66	1.060	12.97	1.790	11.93	0.920	9.712	1.0423
20	0.300	4.170	−0.310	4.100	−0.260	4.490	0.420	6.590	1.210	7.330	0.290	7.891	0.4502
23	−1.670	1.660	−0.230	1.460	−0.200	1.310	−3.010	2.170	1.210	1.650	−2.801	1.640	−5.0231
25	−6.250	3.040	0.060	2.730	0.130	2.890	−10.59	3.950	4.830	3.800	−7.173	3.612	−24.751
42	−15.63	4.510	0.280	3.840	−93.94	5.460	0.420	34.75	−0.010	5.500	−0.254	4.521	0.0103
16	−22.23	0.850	5.720	1.090	6.620	1.410	−11.11	0.400	4.750	0.360	−33.15	1.752	−106.24

数据来源：中国工业企业统计数据库，行业类别编号对照 GB/T 4754-2002。$\bar{\gamma}_k < -0.01$ 的 4 个行业：28-化学纤维制造业，43-废弃资源和废旧材料回收加工业，19-皮革、毛皮、羽毛（绒）及其制品业，17-纺织业；$\bar{\gamma}_k \geq 0.03$ 的 5 个行业：23-印刷和记录媒介的复制，25-石油加工、炼焦及核燃料加工业，42-工艺品及其他制造业，16-烟草制品业。

在产业集聚间分工的变异系数方面，30 个行业 6 年共同集聚的变异系数平均值为 0.116，与产业集聚间分工的总体偏大分布不同的是，其变化幅度相对较小。$A_k > 0.1$ 的只有 5 个行业，如表 4.6 双划线以上所示，共同集聚变化幅度最小（$A_k < 0.002$）的 4 个行业则列于双划线以下。

表 4.6 2001—2006 年长三角二位数产业集聚和产业集聚间分工的稳定性

行业类别	A_k ↓	2001 年		2002 年		2003 年		2004 年		2005 年		2006 年	
		γ_k	γ_k^0	γ_k	γ_k^0	γ_k	γ_k^0	γ_k	γ_k^0	γ_k	γ_k^0	γ_k	γ_k^0
42	94.15	0.28	4.51	−93.94	3.84	0.12	5.46	−0.01	34.75	−0.25	5.50	0.01	4.52
16	86.74	5.72	0.85	6.62	1.09	−11.11	1.41	4.75	0.40	−33.15	0.36	−106.24	1.75
18	67.22	0.20	5.20	0.07	4.64	2.19	4.58	3.69	3.86	−6.75	3.71	−0.54	5.15
28	43.15	−4.28	16.86	−3.54	20.21	28.92	28.64	23.31	34.93	−14.72	41.30	43.66	43.60
25	18.10	0.06	3.04	0.13	2.73	−10.59	2.89	4.83	3.95	−7.17	3.80	−24.75	3.61
35	0.18	0.18	0.35	0.14	0.39	0.21	0.42	0.50	0.43	0.10	0.42	−0.05	0.11
36	0.16	−0.03	0.09	−0.04	0.08	−0.06	0.09	0.04	0.07	−0.21	0.06	0.01	0.17

行业类别 $A_k\downarrow$		2001 年		2002 年		2003 年		2004 年		2005 年		2006 年	
		γ_k	γ_k^0	γ_k	γ_k^0	γ_k	γ_k^0	γ_k	γ_k^0	γ_k	γ_k^0	γ_k	γ_k^0
31	0.13	0.00	0.14	0.01	0.14	0.10	0.18	0.16	0.13	0.05	0.15	−0.05	0.10
14	0.07	0.03	0.09	0.06	0.10	0.00	0.10	0.16	0.14	0.06	0.16	0.00	0.26

数据来源：中国工业企业统计数据库，行业类别编号对照 GB/T 4754-2002。

注：为能在表中清楚表示，此处的 A_k、γ_k、γ_k^0 均为 $A_k\times100$、$\gamma_k\times100$、$\gamma_k^0\times100$ 的值；$A_k>0.1$ 的 5 个行业：42-工艺品及其他制造业，16-烟草制品业，18-纺织服装、鞋、帽制造业，28-化学纤维制造业和 25-石油加工、炼焦及核燃料加工业；$A_k<0.002$ 的 4 个行业：14-食品制造业，31-非金属矿物制品业，36-专用设备制造业，35-通用设备制造业。

显然，产业的集聚程度、分工水平和分工稳定性三者之间并没有呈现出显著的一致性。如，化学纤维制造业虽然既是长三角产业集聚程度最高的产业（6 年产业集聚系数平均值 $\overline{\gamma_k^0}$ 为 0.309），也是集聚间分工水平最高的产业（$\overline{\gamma_k}$ 为 0.122），但这种分工是极不稳定的（A_k 为 0.431）。而电气机械及器材制造业的集聚间分工水平处于 30 个行业的中间水平①（$\overline{\gamma_k}=-0.0016$），但其 6 年的平均集聚水平小于 0.001（$\overline{\gamma_k^0}=0.000923$），是长三角产业集聚非常不明显的产业，但水平分工的稳定性却大大高于平均水平，达到了 0.02。但如果我们把分工水平和分工的稳定性按高低分组，分别观察两组值：产业集聚和产业集聚间的分工，以及产业集聚和产业集聚间分工的稳定性之间的关系（表 4.5 和表 4.6），就可以得到以下结论：

结论 4.1：集聚程度和产业集聚间分工水平关系上，分工水平越高的产业，与产业集聚的一致性越显著。在产业集聚间分工水平最高的五个行业中，分工水平和集聚程度呈现出了很明显的一致性走向。而集聚程度较低的产业与产业集聚间分工水平却没有显著的一致性。

结论 4.2：在集聚程度和产业集聚间分工的稳定性上，二位数产业集聚程度高的产业，其所下属的三位数产业间关联也比较稳定。这就证明了我们一开始的假设，由于产业集聚在一定程度上对相似产业间共享流动的劳动力、技术和中间产品的依赖，次级产业层面发生的分工将会强化产业集聚，分工使资源在空间上实现了更为有效的配置，从而进一步提高了产业的集聚水平；而且这种分工越稳定，产业的集聚程度就越高，因此用产业共同集聚指数来衡量产业集聚间分工是可靠的。

由此可见，随着长三角区域经济一体化的深化和集聚经济的发展，集聚产业中发生了价值链的空间离散化布局，并引起次级产业集聚在区域间的分工现象，特别

---

① $\overline{\gamma_k}$ 的中位数为 0.0001。

是在那些市场化和集聚程度较高的产业中表现得更加明显。随着区域一体化的不断深入,相信这种趋势将越来越趋于明朗。

特别地,由于长三角本身的产业集聚程度还处于倒"U"形曲线的上升阶段,而产业集聚概念本身就是针对集聚程度高的产业而言,因此,在一些集聚程度低的产业间没有发生分工,这与结论并不冲突。

本章小结

在本章中我们首先描述了在接下来的实证检验中将会大规模用到的基础数据库,并指出将一个地级市三位数产业集聚作为本书基本研究对象是比较合适的。在用 E-G 指数对长三角二位数和三位数产业的集聚程度作了简要分析后,我们又用 Ellison 和 Glaeser 的产业共同集聚系数验证了产业集聚间分工的存在性,从而验证了第 3 章中提出的命题 3.1。由于书中我们使用的产业组是独立存在的二位数产业,这就容易和二位数产业集聚引起混淆和误解,于是我们将二位数产业集聚和产业集聚间分工对照起来分析得出了结论 4.1 和结论 4.2,并证明了产业的共同集聚指数用以衡量产业集聚间分工是可靠的。

在本章的 4.4 部分,我们发现长三角地区在三位数产业上表现出集聚状态的产业,其二位数产业上并一定存在相对称的集聚程度,反之亦然。也就是说,三位数产业和二位数产业上的集聚程度并不一定是必然一致的,这个现象引出了我们的命题 4.1,我们将在第 6 章中对其进行讨论。

5 垂直解体、运输成本和产业集聚间分工

5.1 引言

从世界性的视角来看,生产正在全球化的背景下得到重新组织。特别是在日本、中国、韩国以及其他东南亚国家之间发生的生产工序国际分散化(fragmentation)现象①,正在成为国际分工的新动向,成为各国间贸易流量基础形成的主要因素。分散化是指生产的各种阶段出现了这样的倾向:每个国家都会选择自己有相对优势的个别生产环节来参与分工,一个国家对应不同的生产机能,从而使得中间产品贸易与经济成长紧密相关,成为跨越各国的技术扩散的渠道。分散化使得位于不同国家的企业更加积极、活跃地参与商品生产,使处在附加价值链不同阶段的生产工序在不同国家中进行。

而从国内的视角来看,在发达国家,其国内地区、产业间的分工也往往表现为产业集聚间的分工②。随着产业集聚发展程度的提高,在中国经济社会相对发达、区域市场一体化程度较高的地区也逐渐形成了产业集聚间分工的态势。例如,近年来,浙江在对外投资方面的两种趋向:① 地理性倾向。与以往注重于发展对外产品贸易和开拓国外市场不同,近年来浙江企业更乐意在长三角地区进行生产投资。② 组织性倾向。与以往各自为政的专业化生产不同,浙江的商人越来越意识到发挥长三角地区整体生产能力的重要性,"整合"替代盲目的扩大规模成为产业发展的新趋势。浙江的趋势代表了整个长三角地区的趋势。企业发展到一定阶段,就有扩大规模、促进技术进步的需求。在这个国内市场开放程度最高、区域协调发展最好、要素流动最活跃的地区,逐渐实现一体化的市场为企业的柔性流动创造了宽松的条件,使企业的跨区域发展几乎不受拘束,从而促进了企业内部在工序上的区域分工。和生产工序国际分散化类似,产业集聚间的分工也是垂直解体的

---

① 关于生产工序国际分散化可参见日本学者杉浦章介(2003)等的研究。
② 本书第 3 章中列举的日本汽车产业集聚间分工。

结果,生产工序的分散是与垂直一体化相反的过程。

另外,由于产业集聚中的外部规模经济完全可以满足不存在技术进步的企业发展,从而导致处于产业集聚中的企业规模的发展往往受到外部经济的制约。一旦企业产生技术进步和提高产品层次的需求,便会选择在空间上的扩张,以中间产品或价值链的空间延伸作为平台,打破产业集聚锁定效应的负面影响,形成更为开放的、跨区域的集聚体系,以企业内的地域分工为纽带,将产业或区域分工进一步发展成为产业集聚间分工。由于产业集聚不同于科层制组织和垂直一体化企业,而是对有组织价值链的一种替代,是生产在空间上进行组织的重要形式,所以,那些独立的、非正式联系的企业及相关机构之间相互联系、相互依赖的内在关系决定了产业集聚的地理边界(波特,2002),因而在效率、效益及柔韧性方面都能创造出更为持续和显著的竞争优势。这部分优势源于特定空间范围内的知识、联系及激励,不是远距离的竞争对手所能达到的。因此,运输成本的大小决定了产业集聚的边界和产业集聚间分工的产生。

在第 3 章的数理分析中,我们实际上回答了三个问题:① 产业集聚之间分工是产业集聚发展到一定阶段后形成的一种组织社会生产的有效方式;② 垂直解体使得市场中存在大量可交易的中间产品,垂直专业化的发展和产业集聚间分工互相影响、互相促进;③ 上述两点得以实现的前提是运输成本的大幅降低。在第 4 章的统计结果中,我们对第一个问题进行了实证检验,用统计结果证明了产业集聚间分工的存在。本章我们将用计量分析方法揭示垂直解体和运输成本这两个因素对产业集聚间分工形成的影响。

5.2 垂直解体、运输成本和产业集聚间分工的形成

5.2.1 垂直解体

19 世纪末的第二次工业革命把大规模集成生产的大企业推上了历史舞台,从而也向世界展示了一种崭新的组织生产形式——垂直一体化(vertical integration)及其所产生的巨大规模经济效应。在垂直一体化出现后的整个 20 世纪,美国、英国、日本、德国等主要工业国家的经济发展都得益于大企业在各自国内经济中的主导地位(钱德勒,1987)。

随着信息革命渗入社会生活的各个领域,20 世纪的最后 10 年,企业的组织生产形式随之发生了巨大的变化,原先垂直一体化的企业,越来越多地把中间产品的生产环节借助于外包等形式分离出母体,自身则专注于提高产品的附加值,从而导

致社会分工不断细化,导致了垂直解体(vertical disintegration)的出现。

垂直解体是垂直一体化的反过程(图5.1),但不是简单的分拆。管理学认为,当产业组织完成垂直解体后,会产生一种介于企业和市场之间的组织,Sturgeon(2002)将其称为"生产网络范式"。

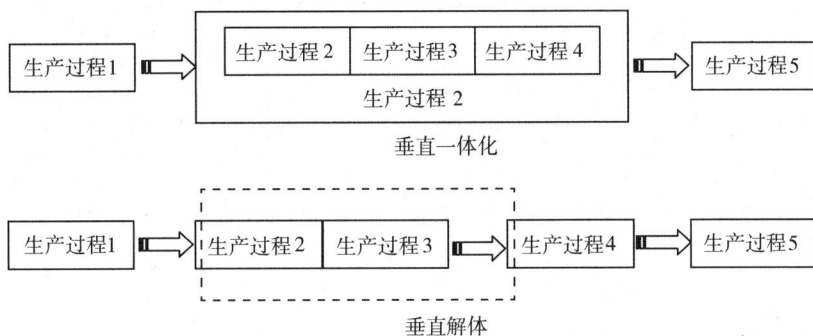

图5.1　垂直一体化和垂直解体

5.2.2　产业集聚和专业化生产

相较于新兴的垂直解体现象,产业集聚是人类社会一贯有之的经济现象,但真正引起现代经济学的注意却是在最近的五六十年间。二战结束后,世界经济的力量日益集中在具有控制力、并支配了全球资源的大城市和产业带中。这些中心地带对经济全球化和世界经济格局的形成产生了举足轻重的影响,并使集聚成为最普遍的经济现象之一,引起了人们的关注。

区域经济学认为,经济活动的空间构造是两个相反的力量——集聚力(agglomeration)和分散力(dispersion)力相互作用的结果(艾萨德,1991)。这个观点被新经济地理学家所认同,他们进一步认为集聚力主要源于要素在某地集聚所产生的前向联系和后向联系,从而在该地区产生累积循环因果效应,实现自我增殖。这种自我增殖的优势又会产生区位空间的"锁定(lock-in)效应",即把优势锁定在一些固定的地区。集聚效应发展到一定阶段,扩散力会占据上风,集聚的优势会被扩大并辐射至经济联系紧密的地区。因为地缘上的亲近关系,相同的社会文化背景使相邻地区往往比较容易接受这种集聚的辐射。这些地理上接近的点又会出现不断的自我增殖,渐渐地形成一个连续的地区,即产业带或城市群。我们所观察到的经济活动的空间构造就是这两种力量推拉消费者和企业行为之后达到平衡的复杂结果,这种相反相成的产业间的空间移动也称作两区域间内生的非对称性(Fujita&Thisse,1996;2003;Fujita et al.,1999;Henderson,1997)。

Krugman 把 Marshall(1890)对产业集聚的论述进行了概括,认为大量可交易的中间投入品(specialized intermediate goods)也是促进产业集聚产生和发挥作用的因素之一。但作为新经济地理的标志性人物,Krugman 在建立他著名的中心-外围模型(core-periphery model)时,是以劳动力人口作为参数的。由此建立的内生集聚模型成为 NEG 模型最主要的部分,Ottaviano(2003),Baldwin&Forslid(1999),Forslid&Midelfart(2005),Baldwin et al.(2003)等的工作都是在这基础上展开的。但仅仅考察劳动力流动是远远不够的。20 世纪 90 年代以后,尤其是在以跨国公司为主体的 FDI 行为之下,许多生产环节或外包,或脱离母体生产,形成了大量的价值链嵌入本地生产网络现象。市场上充斥着大量的中间产品,这些中间产品会对业已形成集聚的专业化产业区产生微妙的作用。新经济地理学的另一位先驱 Venables(2001)就指出:中间产品是前向联系和后向联系重要的纽带,从而带动了产业集聚的形成。

5.2.3 垂直专业化:垂直分工和产业集聚的互动

在以往的研究中,垂直解体和产业的空间分布分属不同领域。但越来越多的实例证明,垂直解体和产业的空间分布、产业集聚等空间经济学中的问题是无法割裂开来的,全球价值链就是在垂直解体作用下的产业在空间分布的典型态势,这是贸易一体化和生产非一体化所产生的结果(刘志彪和吴福象,2006)。Humphrey&Schmitz(2001)和 Arndt(2001)等都从不同角度研究了全球价值链理论,这一理论的日臻成熟无疑为研究垂直解体和产业集聚间的互动提供了可供参考的研究范例(图 5.2)。

与 Porter(1998)从定义产业集群时便注重集群内部企业间的产业关联不同,经济学上的集聚并不关注这个问题。马歇尔把中间产品作为产业集聚的特征之一,产业集聚的出现,导致中间产品厂商出于对市场靠近的考虑,往往在某地大量集中生产和交易产品,即产业集聚促进了中间产品市场的繁荣;而克鲁格曼则把中间产品作为产业集聚形成的源泉之一,认为由于大量中间产品的交易市场的存在,最终产品的生产厂商选择在能更加靠近原材料和半成品市场的地方定址,从而形成了产业集聚。前者被克鲁格曼(Krugman,1980)称之为后向联系,也称本地市场效应(home market effect),后者则被称为前向联系或价格指数效应。中间产品成为这两者之间相互关联的重要因素。Krugman&Venables(1995)意识到了这种缺陷,接着 Robert-Nicoud(2005),Ottaviano(2001)以及 Robert-Nicoud&Ottaviano(2006)以投入-产出的垂直关联研究了产业的空间集聚。Holmes(1995)通过对美国 1987 年的制造业企业的普查数据进行计量分析,证实了产业集聚和垂直分工之间的正相关关系,这表明,相对于集聚区外的企业来说,产业集聚内企业更容易享受到垂直解体带来的分工经济。Zhang(2004)用中国的数据进一步证实了这种关系。

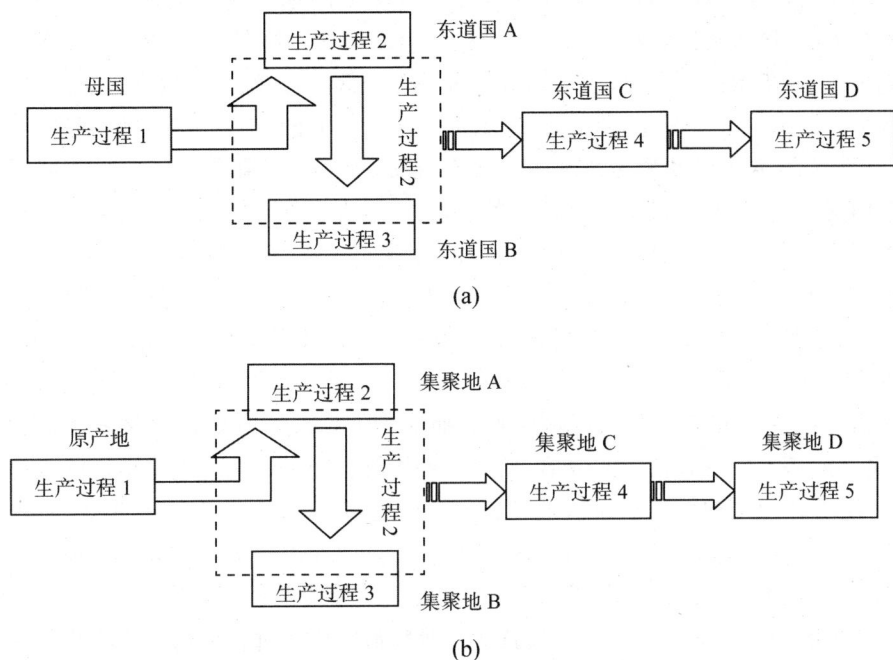

图 5.2 垂直解体下的产业空间布局：全球价值链和产业集聚间分工
(a) 垂直解体下的全球价值链示意图；(b) 垂直解体下的产业集聚间分工示意图

5.2.4 运输成本和产业集聚间分工

通常所说的运输成本,有广义和狭义之分。狭义的运输成本就是指产品运输过程中发生的费用和损失,它与运输设施的改善和运输工具的进步紧密联系。广义的运输成本,还包括了交易过程中发生的其他费用,如由于市场垄断或行政分割而引起的进入市场时所必须缴纳的费用等。Fujita&Gokan(2005)进一步指出,信息通信技术发展降低了企业内远程管理的成本,间接地降低了产品的运输成本,使企业的跨区域发展得以实现。企业的管理部门和生产性服务业可以保留在中心城市,而生产部门则可以迁出大城市,集中在制造业产业集聚中。因此,广义的运输成本还与一个地区的制度、通信技术密切相关,本书采用了广义的运输成本来分析问题。

但 Tabuchi(1998)指出,这显然不是运输成本"所有的故事"。克鲁格曼(Krugman,1980)和亨德森(Henderson,1997)的运输成本都忽略了运输成本本身具有的分散力,这都可能导致分析并不全面。他的模型显示,运输成本很大和很小时,产业集聚的力量都有可能会被分散,运输成本只有在一个恰当的水平上,它对集聚的作用才是正向的,即产业集聚和运输成本之间也是倒"U"形关系。当运输成本很大时,区域封闭,产业集聚难以发生;当运输成本降低,向心力增加,而离心力减少,产业集聚开始发生;当运输成本进一步降低时,区域开放度加大,导致外围地区生产的劣势相对减少,此时,经济活动再次走向分散,产业集聚程度下降。

田渊的假设显然更贴近现实世界。在现实世界中,产业集聚间分工不断深化发展的同时,由于基础设施和物流业的发展,产业集聚间的要素流动、信息沟通和技术交流都变得便捷而廉价。运输成本的大幅度削减为产业的转移、产品的交换和价值链的布局提供了良好的发育土壤,但如果产品甚至产业的流动变得太过自由,则会导致各种要素分布的均匀化和一致化。如上文中提到的日本汽车产业,在20 世纪 80 年代,伴随着日本工业园区的修建和高速公路的迅速发展,制造环节逐步从沿海向内地和高速公路两侧转移。而 90 年代以后,互联网和多式联运的兴起,更是加速了信息和技术的散播,加强了科技研发能力转化为现实生产能力的可能性,随着产业结构的变动和基础设施的日趋完善,原来的汽车产业集聚地区,如丰田、广岛等地,就丧失了原来的产业优势。汽车产业的制造环节大规模地迁出日本,形成了日本产业的"空洞化"。之后丰田、广岛等地花费了巨大的代价,才完成了从过去的一般制造业基地向高新技术产业基地转化的过程。这些产业集聚中发生的变化,标志着日本汽车产业集聚向更加成熟化和高层次的方向演进。

5.3　变量描述

5.3.1　模型的假设

总结过往研究,我们作出以下假设:

假设 5.1:产业集聚间分工与产业集聚程度密切相关。产业集聚间分工必然发生在产业集聚地区,在第 4 章的统计结果中,我们也已经分析了产业集聚和产业集聚间分工的正向联系。本章将进一步在计量模型中验证这种关系,并计算出两者之间的弹性。

假设 5.2:垂直解体和专业化生产是产业集聚间走向分工的原因之一。导致产业集聚的原因有多种多样的,首先是客观条件的具备和必要的外部环境的存在,其次是初始条件和路径依赖。Holmes(1995)的模型表明,专业化水平的增加也是推动产业集聚的因素之一。在本书中,我们进一步观察垂直解体对产业集聚间分工的影响。

假设 5.3：适当的运输成本可以促进产业集聚间分工。根据 Ottaviano et al.(2001)的结论，运输成本和产业集聚的关系是一致的，都呈倒"U"形发展，它与产业集聚间分工的关系是否也呈现这种关系，是我们关心的焦点之一。

5.3.2　模型的选择

通常在产业集聚领域的实证研究都使用了面板的双对数模型，这一研究传统来源于区域经济学（Henderson，1974）。这些计量分析大多以一地产业企业的数量作为因变量，以影响当地产业集中的多个因素作为自变量，自变量因素往往包含了市场结构（杨开忠，2008）、劳动力流动（林理升和王晔倩，2003）、运输成本（刘修岩，2008）和政策影响（金煜等，2005）。双对数模型是建立在连续函数的概念上的，也就是说假设模型中所有的变量都是服从某种分布（大多数时候是正态分布）的。但这显然与我们的初衷有所违背。我们在第 3 章中以企业如何在可供选择的几个地区选择其生产区位（即在何处进行生产），或选择何种生产组织方式（自己生产还是购买劳动或产品）的决策，作为分析问题的主要手段，这种选择显然是离散的。如果把产业集聚间分工作为因变量，则这种企业选择的离散化，也使得因变量趋于离散而无法使用连续的计量模型。

在计量经济学中，对于这种情况下的数据往往采用离散选择模型（DCM，discrete choice model）来进行分析，对因变量和自变量之间的多种可能进行配对，以期得出具有普遍性的分布规律。DCM 模型起源于 Fechner 1860 年的动物二元反射研究，1962 年 Warner 首次将它应用于经济学领域，研究公共交通工具和私人交通工具的选择问题。20 世纪 70 和 80 年代又被普遍应用于产业布局、企业定点、交通、就业和购买决策等领域。2000 年，诺贝尔经济学奖授予了研究微观计量领域的 McFadden，他的贡献正是在于发展了离散选择模型（李子奈和潘文卿，2005）。

DCM 可以分为二元离散选择和多元离散选择，如果决策的结果非此即彼，那么我们就选用二元离散选择模型；如果决策的结果有多个，那么就需要用多元离散选择模型。比如，影响出行时候交通工具选择的因素有天气、距离、个人偏好等，如果出行可选的交通工具有公交车和自行车，那么这个选择就是二元的；如果除了上述两种交通工具外还有步行的话，那么这个选择就是多元的了。二元选择模型，通常用 1 和 0 来表示选择的结果，多元的则需要再添加其他值。

如果选择是按照效用最大化做出的，那么具有极限值的逻辑分布是比较好的选择，这种情况下的二元选择模型应该采用 Logit 模型。在医学上，通常使用病人的治愈与否作为因变量，而把影响病人治愈的各种因素作为自变量建立一个二元离散选择模型，来对治疗效果进行比对分析。在本书中，我们学习这种方法，将产业集聚间分工作为因变量,而把产业集聚程度、垂直解体状况和运输成本作为解释变量,用一个基本的二项 Logit 模型来验证命题 4.1。

Logit 模型的原理:对于经典的计量模型 $Y_i = \beta X_i + \mu_i$,如果其中 Y_i 的观测值为 0 和 1,解释变量 X_i 表示选择对象所具有的属性和选择主体所具有的属性,且 μ_i 服从逻辑分布(logistic distribution),则有 Y 取值的概率累积分布函数为

$$P_i = Prob(Y_i = 1/X_i) = \frac{1}{1 + e^{-(\alpha + \beta_i X_i + \varepsilon_i)}}$$

则

$$1 - P_i = Prob(Y_i = 0/X_i) = 1 - \frac{1}{1 + e^{-(\alpha + \beta_i X_i + \varepsilon_i)}} = \frac{1}{1 + e^{(\alpha + \beta_i X_i + \varepsilon_i)}}$$

所以

$$\frac{P_i}{1 - P_i} = \frac{1 + e^{(\alpha + \beta_i X_i + \varepsilon_i)}}{1 + e^{-(\alpha + \beta_i X_i + \varepsilon_i)}} = e^{(\alpha + \beta_i X_i + \varepsilon_i)}$$

两边取对数得

$$\ln\left(\frac{P_i}{1 - P_i}\right) = \alpha + \beta_i X_i + \varepsilon_i$$

在最大似然法下,我们可以得到相应的参数估计,从而反映出 Y_i 对 X_i 的响应程度。

5.3.3 变量描述

在第 3 章的理论分析部分,我们强调了产业集聚间分工产生的三个重要条件:① 产业集聚发展到一定程度;② 产业间有较为明显的垂直解体关系,导致存在大量的中间产品;③ 运输条件的改善,使得运输成本较为低廉。本章继续延续这种思路,将一个地级市三位数产业集聚作为一个经济行为的集合体,而忽略其内部的市场结构,以基本的产业集聚为选择主体,设置了表 5.1 中的自变量和因变量,包括全部选择分工或不选择分工的决策属性。

表 5.1 计量模型的自变量和因变量

变量名	含 义	数 据
Y	产业集聚间分工	γ_k①
X_1	外部性	产业集聚水平 $\gamma_k^0$②
X_2	中间产品	1-垂直解体率
X_3	运输条件 A:长途大件原料运输	铁路营运里程(单位:公里)
X_4	运输条件 B:短途小件制成品运输	高速公路长度(单位:公里)

① 关于 γ_k 的具体计算过程参见本文第 4 章。

② 关于 γ_k^0 的具体计算过程同样参见本书第 4 章。

Y—产业集聚间分工：本书在第 4 章已经用统计结果证明了产业集聚间分工的存在,反映为 γ_k^i 的值。如果 $\gamma_k^i>0$,则存在产业集聚间分工;如果 $\gamma_k^i<0$,则不存在产业集聚间分工。0 是其临界值。因此,在因变量的取值上,Y_i 为 0 时,表示没有产业集聚间分工发生;Y_i 为 1 时,表示发生了产业集聚间分工。

X_1—外部性：产业集聚所具有的最为核心的标志性指标,也体现了本模型中产业集聚与厂商之间行为个体差异。在第 4 章中,我们用统计数据证明了具有较高二位数产业集聚水平的下属三位数产业集聚间比较容易发生产业集聚间分工,但在较低产业集聚水平下的情况却并不是那么明显。本章我们继续讨论这个问题。对于一个二位数产业组来说,如果它本身的集聚程度较高,则其下属的三位数产业集聚之间共享资源的可能性更大,也就是说高二位数产业集聚程度带给三位数产业集聚的正外部性更大;相反,如果二位数产业集聚程度较低,则三位数产业能享受到的外部性也较小。因此,三位数产业是否和这个二位数产业集聚处于同一个集聚地,是影响其作出是否参加产业集聚间分工的重要属性。我们用二位数产业集聚的 γ_k^0 值来为这个属性定量,如果 γ_k^0 大于当年 γ_k^0 的中位数时取 1,小于中位数时则取 0。之所以选用中位数(media)而非平均数(average)作为基准的原因,是 γ_k^0 的取值整体偏大,以平均数作为基准容易丢失数据信息。

X_2—垂直解体程度：产业集聚间分工依赖于与该产业的垂直解体之间的互动关系,垂直解体反映了产业本身的分工程度,因此也是影响产业集聚间分工选择的一个属性。通常用来测量垂直解体水平的方法有价值增值(VAS)法和投入产出表(I-O)法。Adalman(1955)的 VAS 法是一种价值测度法,用中间投入占销售收入的比值来表示,因为销售收入是中间投入与价值增值之和,所以,中间产品投入占销售收入的比重就可以表示出企业购买市场上的中间产品的份额,进而表示出一地区的垂直解体水平。我们用 V 表示垂直解体水平,用 M 表示中间产品投入,用 Y 表示销售收入,得到以下公式：$V = M/Y = 1 - VA/Y$,VA 表示价值增量,即企业的附加值率。V 值越大,则垂直分工水平越高,也就是企业的附加值率越低,垂直分工水平越高。Hummels et al. (2001)则用 I-O 法以出口产品中进口中间投入品的比例,测量了开放条件下一地区的垂直解体水平。用公式表示为：

$$V = \frac{VD_i}{X_i} = \frac{\sum_i VD_{ik}}{\sum_i X_{ik}} = \frac{\sum_i (VD_{ik}/X_{ik})X_{ik}}{\sum_i X_{ik}} = \left[\left(\frac{X_{ik}}{X_k}\right)\left(\frac{VD_{ik}}{X_{ik}}\right)\right]$$

其中 k 表示产业,i 表示地区。该式可以进一步用矩阵表示为：$V = \mu A^m X/X_i = \mu A^m [I - A^D]^{-1} X/X_i$。其中,$V$ 是垂直分工水平;同样地,V 值越大,该地区的垂直分工水平越高。μ 是 $1 \times n$ 维单位向量，A^m 为 $n \times n$ 维进口系数矩阵，A^m 中的元素 a_{ij} 表示生产一个单位 j 部门的产出量所需要的来自 i 部门的进口投入量，n 是产业部门数，I 是单位矩阵，A^D 是 $n \times n$ 维的国内系数矩阵，$[I - A^D]^{-1}$ 是列昂惕夫逆矩阵，表示各部门进口中间品成为最终出口品之前，在第 2、第 3……第 n 阶段体现在国内产出上的一种直接和间接的循环积累效应。由于我们需要验证的是长三角地区内部三位数产业集聚之间的关系，因此采用 VAS 方法。用 $VI_k = \sum_{i=1}^{k} v_i \omega_i = \sum_{i=1}^{k} \frac{va_i}{y_i} \cdot \frac{va_i}{va_k}$ 来表示产业垂直解体水平，其中 VI_k 表示二位数产业 k 的新增比例，它是三位数产业 i 的新增比例的加权值，ω_i 表示 i 产业新增值在 k 产业中的比重，va_i 是 i 产业的新增值，y_i 是 i 产业的年总产值。所以 VI_k 值越大，垂直解体程度越低；VI_k 值越低，垂直解体程度越高。

X_3、X_4——运输条件：由于我们采用的是经济-空间二维坐标，因此一个三位数产业集聚的对外运输成本可以由这个地区的运输条件来反映。但运输条件对于产业集聚间分工的影响，表现为正向和负向两个作用，正向作用是可以加速产业集聚间要素的流动和产品的交易；但另一方面，也容易将产业集聚的外部性扩散到更广阔的地区，从而分散该地区的产业间联系。对 X_3 我们选择了长三角每年的铁路营业里程来表示长途大件运输（单位：公里），X_4 则使用了长三角地区内的高速公路里程（单位：公里）。

这样我们就得到了 2001—2006 年 30 个二位数产业组内的产业集聚间分工和影响它的 4 个因素之间的面板数据，下面我们用这组面板数据对产业集聚间分工进行分析。

5.4 模型的计算

首先，我们对 Y 和 X_1 进行多重共线性的检验。我们只对 X_1 进行检验的原因是，由于尽管两者的指标含义不同，但其所包含的产业却是一样的，因此会引起误解。为严谨起见，我们在 E-Views 5.0 环境下先对这两个指标进行检验，结果如表 5.2 所示。

表 5.2　Y 和 X_1 的多重共线性的检验

变量	系数	标准差	t 值	P 值
X_1	0.183117	0.074547	2.456390	0.0150
C	0.471429	0.058276	8.089557	0.0000
R^2	0.032787	因变量均值		0.583333
adj. R^2	0.027353	DW 检验值		1.820024

数据来源：中国工业企业数据库，2001—2006 年《浙江统计年鉴》、《上海统计年鉴》、《江苏统计年鉴》。

观察表 5.2 中的结果，其中因变量和自变量之间并不存在拟合程度较好的线性关系。而且 DW 值为 1.820024，接近于 2，因此可以拒绝假设，即 Y 和 X_1 之间不存在多重共线性。

我们用 $X_1 \sim X_4$ 为自变量对 Y 进行 Logit 回归，E-Views 5.0 的输出结果如表 5.3 所示。

表 5.3　Logit 模型结果

年份：2001—2006
样本数：180
5 次迭代后收敛

变量	系数	标准差	Z 值	P 值
X_1	1.130006	0.370218	3.052276	0.0023
X_2	0.251864	0.364373	0.691226	0.4894
X_3	−0.003518	0.000882	−3.988284	0.0001
X_4	0.000937	0.000279	3.353775	0.0008
C	4.579902	1.271726	3.601326	0.0003
因变量均值	0.583333	协方差		0.494382
哑变量为 0 的样本数	75	样本总数		180
哑变量为 1 的样本数	105			

数据来源：中国工业企业数据库，2001—2006 年《浙江统计年鉴》、《上海统计年鉴》、《江苏统计年鉴》。

以上 Logit 模型采用了最大似然估计法进行参数估计，得到下面这个方程：$Y = 1.130006X_1 + 0.251864X_2 - 0.003518X_3 + 0.000937X_4 + 4.579902$。除了 X_2 外，其他自变量的 Z 统计量都非常显著（$|Z| > 3$），P 值也都小于 0.02。一般来

说,变量通不过 Logit 模型检验,有可能存在三个问题,因此,有必要对 X_2 值进行分析。

问题 1:所选取变量并不是选择主体的核心属性。如上面所分析的那样,X_2 表示的是一个产业集聚本身的垂直分工属性,也是本书最核心的问题之一,因此,这个问题并不存在。

问题 2:变量数据的失真。我们所使用的 VAS 法存在以下两个缺陷:一是在同样的中间产品投入量下,位于产业链上游的产业往往比处于产业链下游的企业 VI_k 值要来得小;二是由于相对价格的波动,尤其近年来原材料价格波动幅度很大,因此对时间序列的观察造成一定的困难。对上述两个缺陷我们已经通过以下两个方法进行了排除:① 在计算中只关注于制造业,而没有将采掘产业和最终消费品产业放入计量体系;② 将产业细分到三位数层面,减少上下游产业的影响。这样,我们的 X_2 值在数值上并不存在失真问题。

问题 3:使用过多特定方案(alternative-specific)常量。Logit 方式选择模型的效用函数包括特定方案常量,这些常量的数目不应超过备选方案减 1。但这个问题并不存在,因为上述情况通常会引起软件异常中断或产生一些提示估计发生的问题,而在我们计算的过程中,并没有这种提示和中断发生。

因此,我们可以确定 X_2 不显著并不是模型本身的问题。表 5.4 显示了 2001—2006 年所有三位数产业集聚的 VI_k 值,从中我们发现 6 年 30 个产业的垂直解体率 $(1-VI_k)$ 变动并不大,除了 16-烟草制造业之外,都在 0.65~0.8 的狭窄区间内,因此我们对 X_2 作方差平滑处理,得到如表 5.5 的计量结果。

表 5.4 2001—2006 年所有三位数产业集聚的新增产值率

行业代码	2001 年	2002 年	2003 年	2004 年	2005 年	2006 年
13	0.191348	0.199180	0.203262	0.203492	0.212475	0.218461
14	0.256571	0.269559	0.276431	0.285650	0.291593	0.301240
15	0.321782	0.304163	0.323797	0.358271	0.339193	0.330882
16	0.737428	0.793098	0.855057	0.841726	0.864526	0.881947
17	0.225334	0.223085	0.226996	0.225493	0.226123	0.230395
18	0.254732	0.249184	0.259368	0.269339	0.277783	0.288069
19	0.216582	0.226935	0.239449	0.238744	0.240419	0.241586
20	0.222174	0.214494	0.230051	0.240932	0.243796	0.254075

续　表

行业代码	2001 年	2002 年	2003 年	2004 年	2005 年	2006 年
21	0.238685	0.222922	0.224116	0.221000	0.239282	0.241882
22	0.228821	0.251651	0.239152	0.227893	0.230255	0.239135
23	0.328375	0.321670	0.318123	0.318080	0.295671	0.310575
24	0.240685	0.239407	0.244836	0.229648	0.237748	0.246125
25	0.189334	0.206588	0.204847	0.203441	0.107535	0.085497
26	0.237809	0.232694	0.236280	0.244835	0.235124	0.233004
27	0.307169	0.301235	0.324490	0.341424	0.333482	0.330077
28	0.205613	0.213723	0.205006	0.177286	0.168172	0.170938
29	0.272383	0.268546	0.273037	0.251448	0.256580	0.247972
30	0.237304	0.237573	0.234630	0.231576	0.230765	0.233873
31	0.269554	0.269805	0.289135	0.281711	0.269679	0.266290
32	0.244569	0.255299	0.271636	0.253393	0.240370	0.225302
33	0.172168	0.178551	0.181475	0.183883	0.178403	0.183785
34	0.233843	0.240406	0.240081	0.254122	0.244661	0.245978
35	0.257261	0.254234	0.255299	0.254997	0.262050	0.251315
36	0.256726	0.260520	0.260876	0.272832	0.277916	0.279062
37	0.255719	0.260678	0.269073	0.261526	0.230865	0.236224
39	0.345799	0.348188	0.248431	0.235243	0.243162	0.239708
40	0.251362	0.245666	0.213076	0.203883	0.215023	0.213075
41	0.233572	0.217148	0.276329	0.257597	0.266372	0.273532
42	0.277737	0.267552	0.241984	0.249011	0.244569	0.250043
43	0.235559	0.249297	0.183056	0.162587	0.150698	0.177997

数据来源：中国工业企业数据库。

表 5.5 X_2 修正后的 Logit 模型结果

年份：2001—2006
样本数：180
6 次迭代后收敛

变量	系数	标准差	Z 值	P 值
X_1	1.043836	0.361273	2.889325	0.0039
X_2	−1.008297	2.814757	−2.358218	0.0202
X_3	−0.003474	0.000879	−3.952976	0.0001
X_4	0.000921	0.000278	3.310735	0.0009
C	4.677864	1.268861	3.686664	0.0002
因变量均值	0.583333	协方差		0.494382
哑变量为 0 的样本数	75	样本总数		180
哑变量为 1 的样本数	105			

数据来源：中国工业企业数据库，2001—2006 年《浙江统计年鉴》、《上海统计年鉴》、《江苏统计年鉴》。

表 5.5 的计量结果显示，所有变量的 Z 统计量在 90％的置信区间显著异于 0，P 值基本小于或等于 0.02，模型通过检验。在第 4 章中，我们曾经计算过 γ_k 的按年平均值及其方差（表 5.6），发现产业集聚间分工的明显受到较大的时间扰动，因此我们将上面模型中的自变量 Y 滞后一期，以检验其本身的跨期影响，结果如表5.7 所示。

表 5.6 2001—2006 年长三角全部三位数产业 γ_k 值均值及其方差

	2001 年	2002 年	2003 年	2004 年	2005 年	2006 年
方差	0.000184	0.029700	0.004359	0.001854	0.004394	0.047353
均值	0.000551	−0.029985	0.006802	0.016564	−0.022533	−0.028209

数据来源：中国工业企业数据库。

表 5.7　*Y* 滞后一期的 Logit 模型结果

年份(调整后)：2002—2006
样本数(调整后)：150
6 次迭代后收敛

变量	系数	标准差	*Z* 值	*P* 值
X_1	0.940830	0.374154	2.514554	0.0119
X_2	−2.045121	3.068877	−0.666407	0.5052
X_3	−0.004251	0.001132	−3.755427	0.0002
X_4	0.001254	0.000428	2.931161	0.0034
$Y(-1)$	0.621778	0.382033	1.627550	0.1036
C	4.860480	1.320349	3.681208	0.0002
因变量均值	0.586667	协方差		0.494081
哑变量为 0 的样本数	62	样本总数		150
哑变量为 1 的样本数	88			

数据来源：中国工业企业数据库，2001—2006 年《浙江统计年鉴》、《上海统计年鉴》、《江苏统计年鉴》。

表 5.7 回归结果显示，滞后变量会产生影响，但是在 90% 置信区间下，影响并不显著。因此我们可以忽略 *Y* 的跨期影响，仅在当期面板数据下解释模型即可。

本章小结

本章通过对 2001—2006 年 30 个产业组内 167 个集聚间分工及其影响因素的 Logit 回归，得到了它们之间存在以下一阶线性关系：

$$Y = 1.043836X_1 - 1.008297X_2 - 0.003474X_3 + 0.000921X_4 + 4.677864$$

其中，除了 X_2，X_3 之外，自变量的参数估计都为负数，即产业集聚间分工与垂直解体程度、短途运输条件正相关，与长途运输条件的改善负相关。参数估计值最大的是 X_1 和 X_2，弹性都超过了 1。也就是说，产业集聚间分工与其本身的集聚程度和垂直解体程度都高度相关，而与运输条件的关系则稍弱，但模型总体还是较好地验证了产业集聚间分工存在的三个条件。

(1) 产业集聚间分工与产业集聚

我们在第 4 章的结论 4.1 中对产业集聚间分工和产业集聚程度做了统计上的总结，本章我们又通过计量再一次证明了二位数产业集聚组中各次级产业集聚间的分工水平与二位数产业集聚间的高度正相关,从而补充了第4章中对集聚程度较低的产业集聚其对产业集聚间分工影响的不确定性。而事实上基本产业集聚在其上级产业中的集聚程度,可以理解为该产业的外部性作用,这种外部性既包括经济的外部性也包括空间上的外部性。由于产业和空间上的相近性,同处于长三角地区内部的每个基本产业集聚单位都能享受到劳动力、技术和中间产品流动带来的外部性。因此我们得到:

结论5.1:长三角的产业集聚间分工是该地产业集聚发展到一定阶段的产物,它的产生与发展离不开该地区已经形成的较高的产业集聚程度。

(2)产业集聚间分工与垂直解体

产业集聚的深化,同一产业的企业在空间位置上的集中,能够促进该产业生产环节的解体,基于成本和生产资源分配上的考虑,规模稍大的企业就容易将部分中间品生产从自身剥离出去,交由生产能力较强的其他企业来完成,而生产这种中间产品的集聚企业无疑是最好的选择。而垂直分工对产业集聚的反作用力一方面表现为完善中间品市场,吸引了区域外相同产业企业向集聚内的转移,加剧该产业集聚;另一方面,价值链的分解降低了产业的进入壁垒,一些并不需要很高的资金和技术要求的中间产品生产能够很容易地被学习和模仿,带动小企业和落后地区的发展。这一部分我们将在第6章中详细讨论。

结论5.2:长三角大量中间产品的流动反映了该地垂直解体程度的提高,这种生产组织方式的变化对产业集聚间分工产生了深远影响。

(3)产业集聚间分工与运输成本

在第3章的理论解释部分,我们把降低运输成本对产业集聚间分工的作用概括为一个均衡,即它对产业集聚间分工的作用是正向还是负向,取决于该产业集聚能否在较近的距离内寻找到需要的中间产品。因为就运输成本而言,在区域经济学上,它本身是分散力量的代表。运输成本的降低,一方面使要素流动加速,企业搬迁成本减少,因而增加了其集聚的可能性;另一方面也会将原本属于某一产业集聚的优势被扩散到其他地区而降低其本身的竞争力。最后的均衡是集聚还是扩散需要综合这两方面的考虑。

在我们的模型结果中,X_3、X_4 分别代表对外联系的运输成本和对内联系的运输成本,X_3 与 Y 间的负向关系表明了长三角与其他地区运输条件的改善会降低其他地区的制造劣势,转移长三角的制造能力;X_4 与 Y 间的正相关关系表明了长三角地区内部运输条件的改善,会促进产业集聚间分工的发展从而引导整个长三角地区沿着产业发展和空间集聚的轨道逐渐成为一个"广域的产业集聚",把单个产业集聚基本单位的优势,转化成为地区竞争优势。在估计的方程中,X_3 的弹性大于 X_4 的弹性,也说明了该地区目前的交通运输条件已经接近于临界值,产业整合存在很大空间，产业集聚间分工具有广阔的发展前景。

结论 5.3：长三角内部交通运输方面的基础设施建设，降低了产业集聚间的运输成本，促进了产业集聚间分工的产生。

（4）产业集聚间分工和广域产业集聚

普遍的结论认为，大量可交易的中间产品的存在使得市场接近性优势提高，扩大了一个地区对厂商的吸引力。与此相反的是过程是运输成本对一地区生产优势的分散。空间经济学（Krugman et al.，2001）认为，价格指数效应和本地市场效应导致了生产活动在空间上分布的不均匀，且这种空间组织架构是由微观层面上的经济主体（如厂商）追逐市场接近性优势的行为所产生的集聚力和离散力之间的比较造成的。这种前后联系具有累积循环的因果特征，它们可以使对经济系统的初始冲击进一步放大，从而强化初始的冲击。也就是说，中间产品的专业化生产所产生的集聚力和运输成本所产生的扩散力之间的角力决定了最终经济活动的空间模式。

在产业集聚地区，由于外部性的存在，中间产品的交易变得十分容易和便捷，共享的劳动力和技术进一步促进了分工和专业化生产。但垂直解体和专业化发展也使厂商之间的关系变得比垂直一体化条件下更松散和脆弱，中间产品如果没有在更大的市场上进行流动，其专用性就会大幅度提高，通用性下降，所以市场一方面需要产业集聚的地理集中特征来形成更为稳定和牢固的厂商之间的分工，促进专业化发展；另一方面，又必须利用较低的运输成本和整体生产能力的提高，降低厂商在市场上对中间产品的搜寻成本。如果广义运输成本很大，则厂商会自行生产所有需要的中间产品来满足自己的需要，从而形成自我封闭的空间和经济体系，久而久之，便会形成产业衰退风险。如果产业集聚间的运输成本较低，产业集聚间就能通过中间产品的的交易，形成与外界较为频繁的交流与合作，发展成为产业集聚间的分工，从而避免了产业集聚内部的"锁定"风险，就这样，在空间上范围更大、经济上生产效率更高的广域的产业集聚就形成了，较低运输成本所能达到的地理半径就是这个广域产业集聚的空间边界。其后，运输成本的进一步降低，会使得广域的产业集聚加强和外界的交流，扩大其空间半径的同时也会分散其集聚的力量，使其易与其他的产业集聚形成经济上或空间上的联系，直至再次达到均衡。这种集聚力和扩散力之间的动态平衡由运输成本决定，我们将在第 6 章中讨论这一类似于小岛清的"雁行模型"。

6 产业集聚间分工、产业同构和地区竞争优势

6.1 引言

由于资源禀赋和经济发展水平趋同,长三角的产业结构也呈现出趋同现象。普遍的观点认为,长三角的产业同构已经对该地区的竞争力产生了极其负面的影响,严重制约了其地区优势的发挥。尤其近年来,在经过了长达 20 年的飞速发展以后,长三角遭遇了土地、资源等一系列的瓶颈,产业升级成为保持和发展地区竞争优势的必由之路。目前,长三角各地纷纷建立创意产业园、物流园区、港口码头、商品市场、中央商务区等现代服务产业。但不少园区定位相似,招商乏力,缺少统筹协调和互动。因此,有观点认为这种产业发展定位的类似性,是长三角新一轮的产业同构。在长三角工业化的勃兴时期,对于主导产业的选择,"16 个城市中,11 个城市选汽车、8 个城市选石化、12 个城市选电信"常常作为该地区产业同构强有力的佐证。产业同构使地区间争夺市场、劳动力、政府资源,形成地区间的恶性竞争,引起产业发展滞后,甚至衰退,摧毁原有的地区竞争优势。

高汝熹和吴晓隽(2006)以在长三角被认为同构程度最高的电子与通信产业为例,对上海、苏州、无锡、嘉兴、杭州、常州、南京 7 个城市进行了调查。他的研究显示,该产业对以上 7 个城市的发展都起到了重要的支柱作用,存在普遍意义上的同构现象。但如果把研究的角度细分到产品层面,则在 31 个电子通信产品中,有将近 20 个种类三分之二的产品种类只在苏州生产,另外 10 种电子通信类产品则绝大部分集中在上海和无锡两个城市,而且两个城市间还都表现出较大的产量差距,呈现出主次有序的竞争态势。因此,在电子及通信设备制造业这个行业里,以上 7 个城市尽管存在一定程度的同构现象,但是在产品结构上存在着较大的差异,并且表现出了一定的空间分工。也就说,对产业同构及其对一个地区竞争力影响的判断,不能仅停留于表面,要判断新同构的严重程度,更不能仅从产业导向上来进行判断。

在前面几章中,我们研究了长三角地级市三位数产业集聚间分工的特征性事实和促使其产生的三个条件,本章我们继续沿用第 4 章的统计思想和指标数据,衡量长三角地区的产业同构系数。研究结论显示,长三角产业同构系数确实在逐年增加,但由于长三角一体化的不断推进和产业集聚在空间上的扩展,产业集聚间分工出现并壮大了。这种由企业在谋求自身发展过程中,利用各地不同的产业优势,在企业内部进行的区域分工(王晓娟和陈建军,2006),既没有改变长三角内部既有的产业结构,也没有改变其各自所占的比重,改变的只是生产的组织形式;而当这种趋势上升到产业集聚层面时,就形成了产业集聚间的区域分工。当产业同构发生在长三角这个相对广域的产业集聚背景下时,不仅不会引起地区竞争力的下降,反而会通过产业集聚间的分工机制,成为一个地区不可复制的竞争优势。

6.2 产业集聚与产业同构及其影响

在长三角产业同构是否存在的问题上,许多国内研究通过对三次产业或对制造业二位数产业层面产业同构系数的计算,在承认长三角发展水平相近和产业结构类似的基础上,认为在长三角产业同构现象太过严重,造成长三角区域内部城市之间争夺外资和争夺市场,尤其是提出城市圈内互相以更加优惠的政策吸引外资,形成了事实上的长三角城市间的恶性竞争关系,导致区域整体竞争力的下降(蔡跃洲和王瑛,2006)。另一些学者则认为,所谓的产业同构只是地区和产业上统计口径的差别,一旦将地域范围缩小,或是将产业深入三位数层面,产业同构现象就自然会被产业的差异性所代替。因此,数据的粗泛是造成这一假象的原因(李清娟,2006)。殷醒民(2006)进一步认为,长三角城市圈内部是否存在产业同构是一个尚未定论的问题。

在对产业同构的成因分析上,国内的研究主要集中在三个观点上,即资源禀赋说、市场发展说和行政壁垒说。① 资源禀赋说。这一类的观点主要是基于传统区域经济学的角度。赵丽和夏永祥(2004)认为,江浙沪两省一市无论是在自然条件、文化传统、要素禀赋还是初始经济条件等角度均表现出了高度的相似性,因此无论是客观基础还是主观倾向,次区域在主导产业的选择上表现出趋同性是十分自然的现象。② 市场发展说。相关观点则主要基于对该区域内要素流动的考察所得出的结论。郑恒(2005)认为,长三角之间的市场开放程度远远高于国内其他地区。换言之,该地区内要素流动比其他地区更容易,生产的组织也就更流畅。地理上的毗邻和经济上的密切联系使得浙江、江苏和上海之间在产业经济发展方面开始了互相学习和模仿,从而形成了较为一致的产业结构。③ 行政壁垒说。主张行政壁垒是导致产业同构主要原因的学者认为,由于中国经济处于特殊的转型时期,市场利益主体除了企业之外,还有政府,地方政府追求政治资本和市场利益的竞争造成产业同构现象深层次、本质的原因(洪银兴和刘志彪,2003)。

在产业同构对地区竞争力的影响上,大多数学者对产业同构持否定态度。洪银兴和刘志彪(2003)认为,地区比较优势基于产业的差异化发展,产业同构使得规模经济效应无法发挥,降低了地区的整体优势,阻碍长三角地区经济一体化进程。

但事实证明很多所谓的"产业同构"对地区竞争力的影响并不是负面的,改革开放30年来,由于区域条件相近,历史遭遇相似和经济发展水平差距不大,长三角的产业同构现象始终存在,但长三角的区域竞争力不但没有下降,反而成为中国经济最发达的地区。因此,我们有理由相信,产业同构并不一定会引起区域竞争力的下降。近年来许多学者的研究证明了这一猜测。唐立国(2002)指出,如果各产业的专业化程度提高,各次区域产业间深度分工与协作关系能够形成,则长三角的产业同构并不会违背区域经济发展的一般规律。靖学青(2004)分析了长三角在目前经济发展水平上出现不同程度的产业同构的必然性和合理性,认为长三角制造业在一定程度上的同构可以提高长三角地区制造业技术发展水平。陈建军(2007)在研究了长三角空间结构的基础上,认为过分夸大产业同构的严重性是不科学的。长三角的整体区域优势来源于其产业结构与空间结构的密切联系,而整个长三角地区正在逐渐形成的广域产业集聚是以产业同构为基础的。李清娟(2006)认为,长三角以上海为管理控制、研究开发和市场营销中心,其他区域为发展腹地的产业分工模式正在形成,并逐步强化了区域产业结构特色,从而有利于形成一种全新的差别化竞争格局,提升产业竞争力。

综上所述,研究产业同构问题的主要分歧集中在存不存在产业同构,以及产业同构对地区竞争优势的影响是正面的还是负面。这些研究普遍采用的研究方法是在二位数产业层面上对产业同构的存在性进行检验,在地区的选择上多选择两两比较(李庆华和王文平,2006),缺乏有力的数据证明。在产业同构对地区竞争力的影响方面,同样也存在实证上的困难,尽管很多学者意识到了产业集聚和分工机制对解释产业同构现象的重要性,但目前的研究还是缺乏对该问题的系统论述和检验。

6.2.1 产业同构的界定及其影响

鉴于理论上对长三角产业同构现象的两点争议,要验证是否存在产业同构,首先需要界定产业同构。较为普遍的定义是,区域间产业同构或产业结构趋同指的是,区域之间产业结构构成比例,产业之间有机联系,生产要素在产业之间的配置表现出一致性的结构特征(洪银兴和刘志彪,2003),其中的关键词是"结构趋同"。一般的研究中讨论产业同构主要基于以下两种方法:

一是主导产业的选择。长三角地区是位于长江中下游的冲积平原,三省市之间没有崇山峻岭的阻隔,形成了区域经济学上所谓的"匀质空间"。这不仅使得该地区的自然资源禀赋相近,产业发展的先天条件相似;而且也使劳动力的流动和知识、技术的传播非常容易,导致后天的产业发展水平又十分接近。因此政府在制定产业发展政策的时候,往往出现类似的定位,比如该地区大多数城市都把电子、汽车、机械、化工、医药等产业作为未来发展的主导产业。

二是制造业产业完成产值呈现出来的比例相似性。从二位数产业来看,排在前 10 位的产业中,上海与江苏的同构率达 90%,上海与浙江也有 7 个产业是相同的,同构率达到 70%。这些二位数产业的工业总产值占当地全部工业总产值的比重均在 60%~75% 之间(李清娟,2006)。

而对于另一点争论:产业同构是否会带来地区竞争优势的下降,判断的关键点在于这种产业同构是否具有产业关联。一般的文献认为,产业同构会使得不同地区间的产业关联被切断,而走向各自为政的封闭式发展,不利于统一市场的形成,形成资源上的争夺和重复建设,破坏整个地区的竞争优势。而这些则需要通过数据的检验才能最后断定,目前这部分的实证研究往往通过对产业集聚的研究来完成。研究者往往通过计算一个地区的产业集中度量化各地区的产业优势,从而说明由于集聚结构的相似和集聚经济的作用,该地区和外界的产业关联被切断,造成了优势产业的雷同。因此,产业同构对该地区的发展带来了负面效应的内在机制,可以概括为两点:① 产业集聚本身的负面作用,由于高度集中生产及由此带来的专业化,产业集聚力的不断加强,容易引起市场的封闭性;② 产业集聚在长三角地区的结构具有一致性,即长三角次区域内的几大优势产业趋于一致,导致在一个相对狭小的地带上对资源的争夺加剧。

6.2.2 产业集聚与产业同构

尽管上述对产业同构的分析方法过于粗略和简慢,但产业集聚作为一地产业优势的重要组成部分,其结构在一定程度上确实能够反映出地区间产业的相似性[①]。回顾我们在第 4 章中得到的一组数据,表 4.3 和表 4.4 显示了一个有趣的现象:一些在二位数产业层面趋向集中的产业,在三位数产业上却是离散的;同样地,一些三位数产业上趋向集中的产业,其在二位数层面上的分布却较为均匀。37-交通运输设备制造业在所有 30 个二位数产业中集聚程度排在第 12 位,但 373-摩托车制造业却排在 167 个三位数产业集聚中的第 13 位(见表 4.3 和 4.4)。这说明

---

① 产业集聚水平并不能直接作为产业同构程度,我们这里用产业集聚在生产上的优势来粗略说明产业同构问题,精确的计算将放在本章的第四部分中。

二位数产业上的趋同,在三位数上未必显示出一致的趋同性,甚至可能是趋异的。

另一个有趣的现象是如表 6.1 和 6.2 的对比。表 6.1 显示,二位数产业集聚程度较为明显的前五位的产业是化学纤维制造业、废弃资源和废旧材料回收加工业、皮革、毛皮、羽毛(绒)及其制品业、纺织业、通信设备、计算机及其他电子设备制造业,长三角整体三位数产业集聚在一定程度上反映了这一点(如表 4.4)。但我们如果把其中一个次区域(这里我们选取浙江省作为典型样本)的三位数产业集聚和整个长三角地区二位数产业对照起来看,则会发现,尽管浙江省三位数产业集聚前 20 位的产业主要还是从属于上述五个产业,但是与整个长三角地区的三位数产业集聚的前 20 位产业相比较,却有着明显的差异。如,纺织业的三位数产业中,浙江既有和整个长三角地区的优势产业丝绸纺织及精加工,但同时也拥有麻纺织和棉、化纤纺织及印染精加工上的专业化生产优势。再比如皮革、毛皮、羽毛(绒)及其制品业上,长三角的整体优势显示在皮革、毛皮、羽毛(绒)及其制品业和皮革鞣质产业上,浙江省除了这两个三位数优势产业外,在塑料人造革、合成革制造上也拥有强大的生产能力。

因此,即使是用产业集聚优势来衡量产业同构,也未必能够得出产业同构一定会带来产业衰退和地区竞争优势丧失的观点。基于本书前面几章对产业集聚间分工的研究,我们更可以相信,长三角的产业同构是具有产业关联性的,它在制造业上的优势,是这个区域的整体竞争优势。

表 6.1 2005 年浙江省三位数产业集聚 $\overline{\gamma_i^0}$ 居于前 20 位的产业

产业名称	$\overline{\gamma_i^0}$ ↓	产业名称	$\overline{\gamma_i^0}$ ↓
羽毛(绒)加工及制品制造	0.104941	塑料板、管、型材的制造	0.01090
橡胶靴鞋制造	0.102235	纺织制成品制造	0.01280
麻纺织	0.098471	纺织服装制造	0.01290
游艺器材及娱乐用品制造	0.091647	水泥及石膏制品制造	0.01410
生物、生化制品的制造	0.087294	金属工具制造	0.01480
塑料人造革、合成革制造	0.087176	泡沫塑料制造	0.01495
环保、社会公共安全及其他专用设备	0.081529	电机制造	0.01550
皮革鞣制加工	0.077176	建筑、安全用金属制品制造	0.01570
塑料丝、绳及编织品的制造	0.076118	工艺美术品制造	0.01590
合成纤维制造	0.074235	针织品、编织品及其制品制造	0.01615
输配电及控制设备制造	0.072588	通用零部件制造及机械修理	0.01630

续　表

产业名称	$\overline{\gamma_i^0}$ ↓	产业名称	$\overline{\gamma_i^0}$ ↓
金属家具制造	0.071529	自行车制造	0.01665
木制品制造	0.070588	有色金属压延加工	0.01710
丝绢纺织及精加工	0.070471	体育用品制造	0.01785
塑料薄膜制造	0.069059	照明器具制造	0.01825
棉、化纤纺织及印染精加工	0.068118	风机、衡器、包装设备等通用设备	0.01900
涂料、油墨、颜料及类似产品制造	0.066941	轴承、齿轮、传动和驱动部件的制造	0.01915
塑料包装箱及容器制造	0.066588	不锈钢及类似日用金属制品制造	0.01965
摩托车制造	0.064824	罐头制造	0.01975
文化用品制造	0.063294	皮革制品制造	0.01995

数据来源：中国工业企业数据库，数据来源：中国工业企业统计数据库，行业类别编号对照 GB/T 4754-2002。

表 6.2　2005 年长三角地区所有二位数产业集聚 γ_k^0

产业代码	产业名称	γ_k^0 ↓
28	化学纤维制造业	0.041300045
43	废弃资源和废旧材料回收加工业	0.036401137
19	皮革、毛皮、羽毛（绒）及其制品业	0.013596101
17	纺织业	0.011930131
40	通信设备、计算机及其他电子设备制造业	0.011742973
20	木材加工及木、竹、藤、棕、草制品业	0.007330692
24	文教体育用品制造业	0.006593909
41	仪器仪表及文化、办公用机械制造业	0.006318959
42	工艺品及其他制造业	0.005497969
13	农副食品加工业	0.004793829
15	饮料制造业	0.004381056
35	通用设备制造业	0.004175255
25	石油加工、炼焦及核燃料加工业	0.003795628
18	纺织服装、鞋、帽制造业	0.003709952

产业代码	产业名称	$\gamma_k^0\downarrow$
21	家具制造业	0.003255123
22	造纸及纸制品业	0.002812361
27	医药制造业	0.002493387
34	金属制品业	0.002460577
30	塑料制品业	0.001977972
37	交通运输设备制造业	0.001667022
33	有色金属冶炼及压延加工业	0.001663786
23	印刷业和记录媒介的复制	0.001648850
14	食品制造业	0.001594878
31	非金属矿物制品业	0.001479633
32	黑色金属冶炼及压延加工业	0.001408107
39	电气机械及器材制造业	0.001160925
26	化学原料及化学制品制造业	0.001101128
29	橡胶制品业	0.001078692
36	专用设备制造业	0.000578756
16	烟草制品业	0.000358041

数据来源：中国工业企业数据库，数据来源：中国工业企业统计数据库，行业类别编号对照GB/T 4754-2002。

6.3 产业集聚间分工和地区竞争优势

回顾本书前面几章中的分析，产业集聚间分工可以描述为以产业集聚为节点的生产环节或差异性产品生产在空间上的分布，这是外延相当大的概念（图 6.1）。它既包含了相近产业间的地理集中，也包含了完全不同的产业间的地理集中。也就是说，它的区分标准已经突破了传统的产业限制，达到了产品的层面，因此差异化的产品成为产业集聚分工的重要组成部分。集聚内企业间在产品工艺、生产技术和劳动力培训等方面所享受到的外部性，我们称其为产业溢出。另一方面，我们在本书一开始就已经讲到，产业集聚和产业集中的最大区别在于，产业集中是针对单个产业而言的,而产业集聚则是包括了许多其他机构的集合体,比如大学、研究所、政府行政机构等,我们将其称为产业集聚的空间溢出。由此可见,产业集聚的集聚效应也是二维的,一是促进产业升级;一是形成产业集聚地区的整体竞争优势。

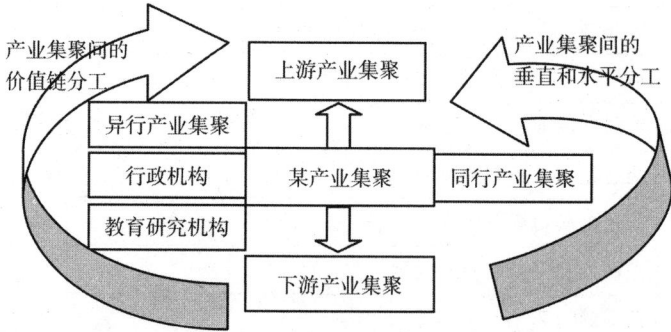

图 6.1 产业集聚间分工的内在机制

6.3.1 产业集聚的风险及其规避

产业集聚的动态影响,经历了马歇尔的产业区理论到以 Maillat(1991;1993)为代表的区域创新环境理论的演进过程,尤其是 20 世纪 90 年代以来,研究焦点也从关注静态效率优势,逐步转变为关注集聚所在地企业之间的互动、知识扩散机制、学习行为和群体创新行为等。Doeringer&Tenkla (1996)从管理学的角度,提出促成产业集聚间合作的三个主要动因:企业之间联盟驱动的战略机会、传统区域要素市场优势(劳动力市场,本地化知识外溢)和非业务制度的因素等。Bergman&Feser (2000)则在系统分析了产业集群的形成机理后,认为外部经济性、创新环境、合作、企业之间竞争和路径依赖是集群间互动形成的基本原因。随着研究的深入,人们不仅注意到集群的正面效应,也开始注意到集群的风险,Tichy(1997)借鉴弗农的产品生命周期理论认为集群也具有一个从产生、发展、成熟到衰亡的过程。后来又有学者把这种风险界定为结构风险和周期风险(Markusen,1997),并指出,集聚会因为其成功因素——不断提高的专业化而逐渐变成一个封闭系统(closed system)(Markusen,1997),因此僵化、失去活力,或者失去其初创时期的创新能力,产生抑制创新的类同氛围(homogeneous macroculture)而逐渐走向衰亡。

对于如何回避这种风险,一些学者开始从知识网络的延伸角度,提出了战略网络和虚拟网络的概念,企图用扩大网络规模来解决集群风险问题。而我们认为,产业集聚间分工正是管理学上企业网络的经济学表达,且包含了企业网络所不能包括的区域间溢出现象,它与产业间的溢出,共同构成了产业集聚间的分工效应,因此我们提出以下命题：

命题 6.1：产业集聚间分工的地区延展性可以规避产业集聚本身带来的地区封闭性和产业衰退风险。

6.3.2 产业集聚间分工、广域的产业集聚和地区竞争优势

在分工和地区优势方面，日本学者的研究相对突出。早先的研究基本集中在发达国家与不发达国家之间的产业转移领域。赤松要的雁行理论（flying-geese theory）、弗农的产品周期理论和小岛清的"边际产业扩张论"等都涉及产业发展自身规律的研究领域；后来，大西胜明等用国际贸易理论中的 H-O-S 模型来解释产品生命周期理论，切入分工问题（陈建军，2002）。2004 年，小岛清抽象了日本经济发展的长期过程，提出区域产业动态发展的三阶段论：生产的效率化和多样化——多样化生产的效率化——比较劣势产业向其他区域转移、形成地域分工，显示了产业转移和地区分工关系研究开始成为这一领域的前沿。在国内的实证中，陈建军和夏富军（2007）以浙江企业的产业区域转移的实证研究为依据，论证了中国国内的区域间经济发展也存在先后递进的"雁型形态"；认为企业家资源分布的地区差异是中国转型期产业转移的重要原因，产业区域转移是区域经济一体化和地域分工形成的主要动力。此后，产业转移和区域协调发展的关系研究开始成为国内该领域的研究重点，如戴宏伟（2006）认为产业转移对推进北京的产业结构调整和形成大北京经济圈具有重要意义；张孝丰和蒋寒迪（2006）以江西为例，认为产业区域转移对于经济欠发达地区的经济发展具有重要推动作用。

产业集聚间分工与产业转移不完全相同，但其对一个地区竞争优势的作用却表现出较大的相似性。我们以长三角最典型的产业集聚纺织业为例来说明产业集聚间分工推动地区竞争优势形成的机制。纺织业中，包含了 171-棉、化纤纺织及印染精加工；172-毛纺织和染整精加工；173-麻纺织；174-丝绢纺织及精加工；175-纺织制成品制造；176-纺织带和帘子布制造；177-针织品、编制品及其制品制造。尽管最终生产的产品上有差异，但总体的工序不外乎以下几道：原料前期加工→整经纺纱→编织→漂洗→印染→精加工→成品。在单个产业集聚内和参与产业集聚间分工的纺织品生产过程，如图 6.2 所示。

对于产业集聚来说，其核心竞争力大致来自三个方面：一是专业化生产的优势。在一个相对较小的区域里集中了大量的同类或相似企业，导致该地在该产业的生产上更容易集中于核心环节的制造，从而具有更强的生产能力。二是技术创新。波特在《国家竞争优势》一书中，详细解释了产业集聚对地区竞争优势的贡献得以实现的前提是不断提高的创新能力。对于发展仍处于倒"U"形左边阶段的产业集聚来说，其创新能力是推动发展的主要力量。三是促进市场容

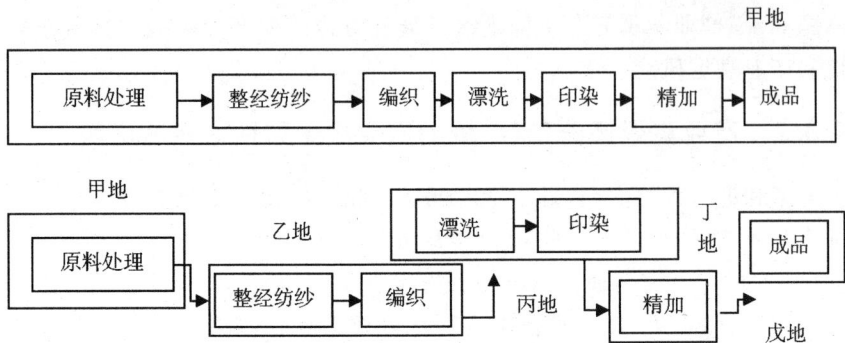

图 6.2 单个纺织业产业集聚和参与产业集聚间分工的纺织业集聚

量的扩大。尽管专业化生产与市场规模无关（Yang，2001），但产业集聚却能扩大市场容量，培育更加成熟的消费群体，从而反过来对产品生产产生更高要求，促进产业升级。

而产业集聚间分工的意义就在于通过分工把上述产业集聚的优势扩大到更广大的地区。如图 6.2 所示，原本只在一地生产的纺织品，通过产业集聚间分工成为至少由两个地区合作生产的产品。即使没有增加产业链的长度，也给至少两个地区的产业集聚提供了合作的机会和意愿，客观上扩大了市场容量和就业机会，从而发展了整个产业在经济上和空间上的规模，逐渐形成广域的产业集聚。产业集聚间分工作为一种新型的产业组织方式，它对地区竞争优势的作用，可以概括为以下几点：

（1）拉长产业链在空间上的分布。一个产业其产业链的长度除取决于技术之外，还取决于专业化生产组织在不同生产规模上获得利益的差别。当生产主体之间能够组成一个完整而有效率的价值链时，他们更倾向于集中在这个广大的地区。这种空间上较长的产业链又进一步为分工合作提供了基础。

（2）为新企业的进入创造了很大空间。产业集聚间的分工让更多的企业能够从事专业化生产，节约了生产成本，降低了新企业的进入壁垒，新进者很容易就能在这个地区学习到必要的技能，从而使这个地区获取了保持持续性竞争优势的关键。

（3）促进了产品的差异化，提高了产业升级能力。由多个产业集聚来组织完成的产品，由于产业链在空间上的延伸和广域地区内需求的多样化，必然形成差异化生产和技术互补。产业集聚在参与跨地区的分工过程中，提高了协调生产和整合技术的能力，形成更为显著的地区竞争优势（图 6.3）。其中，Y 表示产业的生产能力，D_1，D_2，D_3 是产业集聚的空间半径。可见产业集聚的空间半径越大，产业的生产能力也就越高,产品的周期也就越长。这种类似"雁行模型"的产业在空间上的扩张方式,是产业集聚间分工这一生产组织方式的结果。

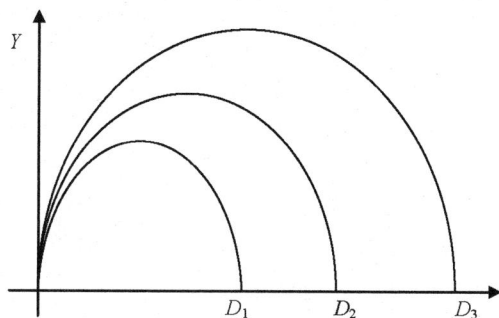

图 6.3 产业集聚间分工和广域产业集聚的形成

6.4 产业集聚间分工和产业同构的实证分析

众多研究又表明,长三角地区同时还存在着产业同构现象,而在第 4 章中,我们已经证明了在长三角地区存在产业集聚间分工。因此,我们假设:

假设 6.1:长三角的产业同构是存在着产业关联的,这种产业同构并不会带来产业衰退,反而会促进产业升级,形成广域的产业集聚,最后形成地区竞争优势。

6.4.1 指标描述

1. 产业相似系数

产业相似系数 η 通常在实证研究中被用来衡量两地区间的产业同构状况,该指标的构造和意义与 Gini 系数类似,用公式表示为:

$$S_{mn} = \sum_{k=1}^{N} X_{mk} Y_{nk} / \sqrt{\sum_{k=1}^{N} X_{mk}^2 \sum_{k=1}^{N} X_{nk}^2}$$

其中,m,n 为两个地区,k 表示产业,N 为需验证的产业数。S_{mn} 值介于 0 和 1 之间。$\eta = 1$ 时,两个区域的产业结构完全相同;$\eta = 0$ 时,两区域的产业结构完全不同。产业相似指数的缺陷是只能对两个区域的产业结构进行两两比较,而对于一个广域地区的产业结构的相似程度却不能得出结论。因此,在本书中,我们使用 E-G 指数衍生出来的产业同构指数。

2. E-G 产业同构指数

在 E-G 的指标体系中,γ_k 指数表达的是一地产业之间地理趋同,本书利用这个指数固有的含义,将该公式中表示产业的 k,置换成表示地区的 r,来表示地区间在产业上的趋同性,这一方法与路江涌和陶志刚(2006)的方法相似,计算公式如下:

$$\beta'_r \equiv \frac{\left[G_r / \left(1 - \sum_k x_k^2\right)\right] - H_r - \sum_i \omega_i \beta_r^0 (1 - H_r)}{1 - \sum_i \omega_i^2}$$

其中类似 γ_k^0 中的含义, $G_r = \sum_k (m_k - x_k)^2$, $\beta_r^0 \equiv \dfrac{\left[G_r - \left(1 - \sum_k x_k^2\right)\right] H_r}{(1 - H_r)\left(1 - \sum_k x_k^2\right)}$, m_k 表

示 r 地区 k 产业的工业总产值占 r 地区工业总产值的比重, x_k 表示全国 k 产业的工业总产值占全部工业总产值的比重, H_r 是地区的赫芬达系数,表示全部产业中规模最大的 N 家企业的工业总产值占 r 地区工业总产值的比重。

3. 产业关联指数

产业集聚间分工的强度显示了垂直分工、差异化产品和产业链上分工的综合,因此我们可以用第 4 章中的产业集聚间分工指数 γ_k' 来表示长三角整体区域的三位数产业间关联。另外,我们也仍然可以使用第 5 章中的 VAS 法来计算长三角内各次区域的垂直解体程度,垂直解体反映了其参与分工的深度和广度,因此也可以表示产业间的关联性。

6.4.2　计算结果

1. 产业同构系数

根据 β_r' 的定义,我们计算得出如表 6.3 的产业同构指数,该指数是长三角整体区域 2001—2006 年三位数产业上的同构程度。我们可以发现,在 E-G 产业同构系数的框架下,产业同构经历了一个先升后降的过程,而不是如很多研究所示的那样一直处于不断增加的过程中,且 β_r' 的变化并不是很大,即每年的产业同构系数基本持平。

表 6.3　用 E-G 指数测算的 2001—2006 年长三角三位数产业同构系数

年份	2001 年	2002 年	2003 年	2004 年	2005 年	2006 年
β_r	0.5072	0.5217	0.5750	0.5827	0.4282	0.4201

数据来源:中国工业企业数据库。

2. 产业关联度:VAS 法

根据 VAS 法,我们可以得到关于全国、长三角整体,以及各次区域(江苏、浙江、上海)内的产业关联性计算结果,如表 6.4 所示。

表 6.4　2001—2005 年全国和长三角地区的垂直解体率

地区	2001 年	2002 年	2003 年	2004 年	2005 年	2006 年
浙江省	0.7622	0.7542	0.7592	0.7804	0.7909	0.7943
上海市	0.7161	0.7246	0.7261	0.7323	0.7518	0.7510
江苏省	0.7494	0.7442	0.7413	0.7515	0.7386	0.7397
长三角	0.7445	0.7425	0.7431	0.7561	0.7615	0.7628
全国	0.7032	0.7022	0.7049	0.7163	0.7131	0.7123

数据来源：中国工业企业数据库(2001—2006 年)。

　　前文的计算结果已经剔除了比较容易让垂直分工率失真的因素,因此表 6.4 的结果比较客观地反映了每一地区的垂直分工水平。一个基本事实是：长三角三省市的垂直分工水平在改革开放后一直居于全国前列,换句话说,这三省市的中间产品市场规模要远远大于其他省市,产业间的关联也比其他地区来得紧密。据此我们可以认为长三角的产业关联度较高。

　　3. E-G 指标体系下的产业同构和产业集聚间分工

　　图 6.4 直观地显示了产业集聚间分工作为产业关联和产业同构的关系。计算结果显示,产业集聚间的分工水平和产业同构间的趋势十分一致,但产业同构程度在变动幅度上要较前者为大。这是因为,产业同构在数值上更容易受到政府政策的影响,具有政策导向性,因此它比产业性因素更容易受到外界的影响而发生波动。另外,它也说明产业同构并不必然带来重复建设和恶性竞争,在产业同构程度增加的时候,产业关联也有可能是增加的;在产业同构降低的时候,产业间的关联也会下降。因此,判断产业同构是否具有较大的负面效应,关键还是要看这种产业同构是否建立在产业关联基础上。

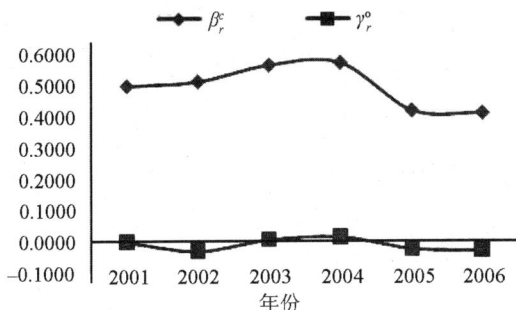

图 6.4　长三角产业集聚间分工和产业同构

（数据来源：中国工业企业数据库）

本章小结

本章通过描述产业集聚间分工带来的产业升级,以及由此形成地区竞争优势的内在机制和过程,分析了产业集聚间分工的效应。并通过对产业间关联度的测量,证明了假设 6.1,得出了在产业集聚间分工基础上发生的产业同构并不会带来产业衰退,反而能够规避风险的结论,从而验证了命题 6.1。

7 结论与对未来研究的展望

7.1 主要结论

本书在回顾了新经济地理学、区域和城市经济学、产业组织理论和波特的竞争优势理论关于产业集聚的相关论述后,得出了现有文献在产业集聚论述上的三个缺陷:① 缺乏对产业集聚中分工渊源的继承;② 研究对象局限于单个产业集聚;③ 研究角度具有单一性,在产业集聚体现的经济-空间二维性中往往只能取其一。

大量的事实证明,当今的产业集聚已经发展到可以单独成为一个经济组织的程度,在产业集聚发达且密集的地区,为规避产业和地区的双重衰退,产业集聚间发生了分工。本书在运用大量的统计结果证实了存在长三角产业集聚间分工的基础上,用 Logit 模型对取得的面板数据进行了计量分析,验证了产业集聚间分工是产业集聚发展到一定阶段的产物。由于长三角产业集聚仍处于倒"U"形曲线的左边,随着产业集聚程度的不断加深,产业集聚间的分工程度也在不断提高并趋于稳定。另外,由于长三角次区域的产业结构类似,导致迂回生产方式、外包生产方式的盛行,垂直解体程度的日益深化;而基础交通运输运输条件的大幅度改善和一体化政策的推行,使得广义运输成本锐减,以上两个因素成为产业集聚间分工形成的最终决定因素,证明了本书第 3 章中的理论框架。

具体来说,本书的结论有如下几个:

(1) 一体化的市场和优越的区域条件,是产业集聚间分工产生的先天优势(natural advantage)。长三角在地理上属于平原地带,信息、技术和其他要素的流动不存在自然障碍;在经济上又具有鸦片战争以来的对外开放和工业制造业方面的基础;且当地次区域间在语言、文化和传统上的非常相似;再加上近年来在政府大力推动下的一体化不断深入,使该地区具备了全国其他地区所没有的条件。这主要表现在三个方面:① 长三角地区市场的成熟程度较全国其他地区高;② 长三角内部各次区域间经济发展水平差距较小;③ 长三角一体化政策的推进,打破了地区内部的行政壁垒,进一步促进了地区间的交流。

(2)日渐成熟且数量众多的产业集聚,为长三角形成产业集聚间的分工,进而演化为广域的产业集聚,产生地区核心竞争优势提供了基础性前提。优良的区域条件为长三角产业集聚间分工的形成提供了有利的先天优势,而产业集聚的不断深化和发展则为长三角的产业集聚间分工提供了首要的后天基础。如果一个地区产业集聚的空间分布不密集,产业集聚的生产能力不够强,那么是很难产生整合需求的。反过来,如果在一个相对狭小的空间里分布着各种各样规模不一,产品种类丰富,集聚程度又较高的产业集聚,那么它本身封闭化专业生产带来的风险就会促使它寻求经济上和空间上的突破,产生整合临近地区产业集聚的需求,以期更好地发挥自身的优势,规避衰退风险,促进产业升级。作为全国经济社会综合实力最强的地区,上海、江苏、浙江三地的产业集聚发展程度相对较好,生产组织方式也更为多样化,它们之间具有形成有层次、有梯度的产业集聚间分工的强烈需求。

(3)垂直解体和低运输成本是长三角产业集聚间分工形成的深层次原因。产业集聚产生了对外发展的需求以后,必然需要通过一定的市场途径才能实现这种需求,而中间产品的交易方式为产业集聚提供了多种选择,使其找到了一种合适的途径来实现整合生产优势的需求。在长三角,大量中间产品在其间的自由流动证明了长三角垂直解体程度的深化,垂直解体下的经济组织普遍拥有更高的生产效率,这种生产组织方式的变化对产业集聚间分工产生了深远影响。而长三角内部交通运输方面的基础设施的兴建表明了其运输条件的改善,这也在实际上缩短了运输距离,降低了运输成本。但这种运输成本也是要分为地区内和地区外的,实证检验表明,地区内运输成本的降低,有利于产业集聚间分工的形成,而对外运输成本的降低则有可能分散产业集聚的能量,对产业集聚间分工的形成起负面作用。因此,产业集聚和垂直解体的深化,以及处于恰当水平的运输成本是产业集聚间分工产生的充分条件。

(4)产业集聚间分工的类型可以分为垂直分工、水平分工和混合分工三种。如果在一个广大的地区 Y 中,存在两个产业集聚:甲地的 A 产业集聚和乙地的 B 产业集聚,两个产业集聚都既可以生产最终产品又可以生产中间产品。那么,根据 A、B 这两个产业集聚是否生产最终产品,以及产品相似程度不同的组合,两产业集聚间就存在多种形式的分工可能。如果 A 产业集聚和 B 产业集聚是上下游关系的,那么这种产业集聚间的分工就是垂直分工;如果 A 和 B 之间是相同或相似产业集聚,那么这种产业集聚间分工就是水平分工;如果 A 和 B 都只是专业化生产其中一种中间产品,分工发生在工序之间的话,那么这种产业集聚间的分工就是混合分工。这三种分工构成了产业集聚间分工的基本形式。

(5) 在产业集聚间分工的作用下,临近地区的产业同构成为一个地区竞争优势的来源。随着分工的加深和水平联系的稳定,原有的产业集聚得到了深化和广化,集聚内的企业势必产生空间上的扩张要求,以寻求更广大的发展空间。显然,集聚内企业在跨区域发展时,对价值链的"空间定位"(location)遵循一定的规律。通常来说,地理上相邻,产业结构相似,但在城市基础设施、研发条件、经营环境和发展层次上更符合企业战略要求的区域当然成为首选,具有比其他地区更强的集聚能力,吸引外地企业涌向本地。我们将这种地区间的吸引力,统称为区域的溢出效应。当越来越多的企业加入这种跨区域发展的行列时,产业集聚间的分工被进一步细化和加深,并逐渐在一个更广大的地区(比如长三角)形成产业集聚,构成该地区的核心竞争优势。

7.2 政策建议

(1) 积极推进区域市场一体化。在产业集聚高度发展的长三角地区,产业集聚间已经开始出现了整合的信号和趋势。促成这一优势组合的推手,是长三角地区拥有一个比较完全的区域市场。一般而言,江浙一带产业集聚中的企业规模都比较小,跨区域发展的环境相对宽松,长三角经济一体化又推动了企业往上海寻求技术和人才的支持,往长三角的腹地寻找劳动力。这种要素的流动和产品的交易,构成了产业集聚间分工的重要隐含条件。可以说,长三角地区开放的区域环境和区域政策是推进产业集聚间形成分工的助推器。

(2) 提倡错位发展和地区间的竞合。产业集聚的深化,同一产业的企业在空间位置上的集中,能够促进该价值链上的生产环节的解体;基于成本和生产资源分配上的考虑,规模稍大的企业就容易将部分中间品生产从自身剥离出去,交由生产能力较强的其他企业来完成,而生产这种产品的集聚企业无疑是最好的选择,这个过程与"外包"极为相似。而垂直分工对产业集聚的反作用力一方面表现为,完善中间品市场,吸引了区域外相同产业企业向集聚内的转移,加剧该产业集聚;另一方面价值链的分解降低了产业的进入壁垒,一些并不需要很高的资金和技术要求的中间产品生产能够很容易地被学习和模仿,带动小企业和落后地区的发展。

(3) 制定以整合资源为导向的地区产业政策。尽管长三角产业间存在了较大程度的同构,但是,当产业集聚发展到在次一级产业上发生区域间的分工阶段,不仅不会带来区域间在产业上的恶性竞争,降低区域竞争力,反而由于一些价值链环节脱离固有的地理区域后,使资源得以在空间上更为有效地配置,提高了地区的竞争力。产业同构的发展带来了产业集聚在次一级产业上发生区域间的分工。分工会扩大规模经济，带来经济效益的改善，提高产业集聚程度。这对"块状经济"发达的长三角来说，不啻为一个机遇。因此政府在产业政策的重心应该放在产业升级和产品创新上，而不是盲目发展不适应本地条件的新兴产业；另外，要重视都市圈的发展所能带来的产业多样化、基础设施改善、运输成本降低和创新环境优化等许多有利于产业发展的契机。这些政策都直接或间接地推动了长三角的产业升级和融合，在"锁定"原有优势的前提下，促进了区域整体经济进一步的协调发展。

7.3　研究的局限性以及对未来研究的展望

尽管本书基本达到了原先预期的研究目标，也获得了一些较有价值的研究结论，但由于本人的学术素养有限，研究工作仍然存在许多不足，得出的研究结论可能受到如下三个方面因素的限制，这也为我们未来的研究指明了方向。

（1）对产业集聚、产业集聚间分工指数的定义。本书对产业集聚间分工的计算，是通过对 $E\text{-}G$ 指数系列来反映的。根据我们一开始对产业集聚的定义，和对产业集聚经济-空间二维性的界定，对产业集聚的测度既应该包括对专业化的讨论，也应该包括对多样化的讨论；既应该有对产业集聚地理集中性的讨论，也应该有对产业集聚经济关联的讨论。但在本书中，对专业化和地理集中性的讨论较多，而对多样化和经济关联性的讨论较少。这一方面是由于指标体系本身的缺陷，如对经济上关联的讨论在国际经济学理论中，往往是通过投入-产出关系来反映的，但在国内地区间这方面的数据却是无法得到的，因此无法进行具体衡量；另一方面是由于产业集聚间分工理论尚在探索阶段，所有的工作还处于探索阶段，许多问题还有待于深入探讨。

（2）在产业集聚间分工形成的微观理论框架中仅考虑了垂直解体和运输成本的影响。在本书第3章的理论框架中，我们考虑了劳动力市场的出清，但囿于实证数据的缺乏却没有进一步对劳动力要素进行考察。另外，考虑到中国的实际情况，政府的政策导向往往影响到产业集聚的发展和演进，因此如果能在现有框架中增加政府因素，将会大大增加本研究主题的解释力。

（3）在对形成广域产业集聚及地区竞争优势的讨论中，本书仅提供了一个方向性的研究思路，而欠缺对地区性因素的系统性考虑。本书考察了产业集聚间分工对产业同构地区整合生产优势，形成差异化竞争，并最后发展成为广域的产业集聚，提高地区竞争优势的影响。在整个讨论过程中，我们都以产业集聚作为讨论的出发点,但新经济地理学派的"集聚"概念中,不仅包含了产业上的集聚,还包括了以城市、都市圈为主要参考系数的地区性集聚,这涉及对产业多样性和地区间溢出效应的研究。尤其是在对地区竞争优势的研究中,因为广域产业集聚的地理性较为突出,更应该考虑到产业、文化等方面多样性对它的影响。这也暗合了本书在第一点不足中提到的问题是未来研究的方向之一。

参 考 文 献

Abdel-Rahman, H. M. Product differentiation, monopolistic competition and city size. Regional Science and Urban Economics, 1988(1): 69-86.

Adelman, M. A. The concept and statistical measurement of vertical integration. In: Stigler (ed.), Business Concentration and Price Policy. Princeton: Princeton University Press, 1955, pp. 282-322.

Alchian, A. A., Demsetz, H. Production, information costs and economic organization. American Economic Review, 1972, 62(5): 77-95.

Arndt, S. W. Globalization of production and the value-added chain. The North American Journal of Economics and Finance, 2001, 12(3): 217-218.

Audretsch, D. B., Feldman, M. P. R&D spillovers and the geography of innovation and production. America Economic Review, 1996, 86 (3): 631-640.

Bai, C. E., Du, Y. J., Tao, Z. G., Tong, S. Y. Local Protectionism and Regional Specialization: Evidence from China's Industries. Journal of International Economics, 2004, 63(2): 397-418.

Baldwin, R. E. Agglomeration and endogenous capital. European Economic Review, 1999, 43(2): 253-280.

Baldwin, R. E., Forslid, R. The Core-Periphery Model and Endogenous Growth: Stabilising and De-Stabilising Integration. NBER Working Papers 6899, 1999.

Baldwin, R. E., Krugman, P. Agglomeration, integration and tax harmonisation. European Economic Review, 2004, 48(1): 1-23.

Baldwin, R. E., Forslid, R., Martin, P., Ottaviano, C., Robert-Nicoud, F. Economic Geography and Public Policy. Princeton: Princeton University Press, 2003.

Becker, G., Murphy, K. The division of labor, coordination costs, and knowledge. The Quarterly Journal of Economics, 1992, 107(4): 1137-1160.

Behrens, K., Murata, Y. General equilibrium models of monopolistic competition: A new approach. Journal of Economic Theory, 2007, 136(1): 776-787.

Ciccone, A., Hall, R. E. Productivity and the density of economic activity. American Economic Review, American Economic Association, 1996, 86(1): 54-70.

Coase, R. The nature of the firm. Economica, 1937(4): 386-405.

Devereux, M. P., Griffith, R., Klemm, A., Thum, M., Ottaviano, M. Corporate income tax reforms and international tax competition. Economic Policy, 2002, 17(35): 449-495.

Dicken, P., Malmberg, A. Firms in territories: A relational perspective. Economic Geography. 2001, 77(4): 345-365

Dixit, A. K., Stiglitz, J. E. Monopolistic competition and optimum product diversity. The American Economic Review, 1977(6): 297-308.

Dunning, J. H. Location and the multinational enterprise: A neglected factor? Journal of International Business Studies, 1998, 29(1): 45-66.

Ellison, G., Glaeser, E. L. Geographic concentration in U. S. manufacturing industries: A dartboard approach. Journal of Political Economy, 1997, 105(5): 889-927.

Ellison, G., Glaeser, E. L. The geographic concentration of industry: Does natural advantage explain agglomeration? American Economic Review, 1999, 89(2): 311-316.

Englmann, F. C., Walz, U. Industrial centers and regional growth in the presence of local inputs. Journal of Regional Science, 1995, 35(1): 3-29.

Fontenay, A., Hogendorn, C. Entry and Vertical Disintegration. Wesleyan Economics Working papers, 2005.

Forslid, R., Midelfart, K. H. Internationalisation, industrial policy and clusters. Journal of International Economics, 2005(5): 197-213.

Forslid, R., Ottaviano, G. I. P. An analytically solvable core-periphery model. Journal of Economic Geography, 2003, 3(3): 229-242.

Fujita, M., Gokan, T. On the evolution of the spatial economy with multi-unit multi-plant firms: the impact of IT development. Portuguese Economic Journal. 2005, 4(2): 73-105.

Fujita, M., Hu, D. Regional disparity in China effects of globalization and economic liberalization. The Annals of Regional Science, 2001(35): 3-37.

Fujita, M., Mori, T. Frontiers of the New Economic Geography. Working paper of Zhejiang University CRPE, 2005.

Fujita, M., Thisse, J. F. Economics of agglomeration. Journal of the Japanese and International Economies, 1996(10): 339-378.

Fujita, M., Thisse, J. F. Does geographical agglomeration foster economic growth? And who gains and loses from it? Japanese Economic Review, 2003, 54(2): 121-145.

Fujita, M., Krugman, P., Venables, A. J. The Spatial Economy: Cities, Regions, and International Trade. Massachusetts: The MIT Press, 1999.

Fujita, M., Henderson, J. V., Kanemoto, Y., Mori, T. Spatial distribution of economic activities in Japan and China. In: Henderson, V., Thisse, J. F. (eds.), Handbook of Urban and Regional Economics, Volume 4. Elsevier, 2003, pp. 49-95.

Granovetter, M. Economic action and social structure: The problem of embeddedness. American Journal of Sociology, 1985, 91(11): 481-510.

Grossman, S. J., Hart, O. D. The costs and benefits of ownership: A theory of vertical and lateral integration. Journal of Political Economy, 1986, 94(4): 691-719.

Grossman, G. M., Helpman, E. Outsourcing versus FDI in industry equilibrium. Journal of the European Economic Association, 2003, 1(2-3): 317-327.

Grossman, G. M., Helpman, E. Separation of powers and the budget process. Journal of Public Economics, 2008, 92(3-4): 407-425.

Henderson, J. V. The size and types of cities. American Economic Review, 1974, 64(4): 640-656.

Henderson, J. V. Externalities and industrial development. Journal of Urban Economics, 1997, 42(3): 449-470.

Henderson, J. V. Medium size cities. Regional Science and Urban Economics, 1997, 27(6): 583-612.

Henderson, J. V. Marshall's Scale Economies. NBER Working paper No. 7358, 1999.

Hertog, P. D., Rubalcaba, L., Segers, J. Is there a rationale for services R&D and innovation policies? International Journal of Services, Technology and Management, 2008, 9(3-4): 334-354.

Holmes, T. J. Localization of Industry and Vertical Disintegration. Research Department, Federal Reserve Bank of Minneapolis, 1995, pp. 261-290.

Hummels, D. Ishii, J. , Yi, K. The nature and growth of vertical specialization in world trade. Journal of International Economics, 2001, 54(1): 75-96.

Humphrey, J. , Schmitz, H. How does insertion in global value chains affect upgrading in industrial clusters? Regional Studies, 2002, 36(9): 1017-1029.

Inkpen, A. C. , Tsang, E. W. K. Social capital, networks and knowledge transfer. Academy of Management Review, 2005, 30(1): 146-165.

Kaldor, N. The case for regional policies. Scottish Journal of Political Economy, 1970, 17(3): 337-348.

Keller, W. Geographic localization of international technology diffusion. American Economic Review, 2002, 92(1): 120-142.

Krugman, P. Scale economies, product differentiation, and the pattern of trade. American Economic Review, 1980, 70(5): 950-959.

Krugman, P. Increasing returns and economic geography. Journal of Political Economy, 1991, 99(3): 483-499.

Krugman, P. , Venables, A. J. The Seamless World: A Spatial Model of International Specialization. NBER Working Papers No. 5220, 1995.

Maillat, D. The innovation process and the role of the milieu. In: Bergman, E. M. , Maier, G. , Todtling, F. (eds.), Regions Reconsidered: Economic Networking, Innovation, and Local Development in Industrialized Countries. London/New York: Mansell, 1991, pp. 103-117.

Maillat, D. Innovation networks and territorial dynamics: A tentative typology. In: Johansson, B. et al. (eds.), Patterns of a Network Economy. New York: Spring-Verlag, 1993.

Markusen, J. R. Costly pollution abatement, competitiveness and plant location decisions. Resource & Energy Economics, 1997, 19(4): 299-322.

Markusen, J. R. , Venables, A. J. The theory of endowment, intra-industry and multi-national trade. Journal of International Economics, 2000, 52(2): 209-236.

Marshall, A. Principles of Economics (1st ed.). London: Macmillan Press, 1890.

Marshall, A. Principles of Economics (Revised ed.). London: Macmillan; reprinted by Prometheus Books, 1920.

Martin, P. , Ottaviano, G. I. P. Growing locations: Industry location in a model of endogenous growth. European Economic Review, 1999, 43(2): 281-302.

Ottaviano, G. I. P. Monopolistic competition, trade, and endogenous spatial fluctuations. Regional Science & Urban Economics, 2001, 31(1): 51-79.

Ottaviano, G. I. P. Regional policy in the global economy: Insights from new economic geography. Regional Studies, 2003, 37(6/7): 665-675.

Ottaviano, G. I. P. , Tabuchi, T. , Thisse, J. F. Agglomeration and trade revisited. International Economic Review, 2001(1): 32-59.

Pons, J. , Silvestre, J. Tirado, D. A. , Paluzie, E. Were Spanish migrants attracted by industrial agglomerations? An analysis for the interwar years in the light of the new economic geography, Working papers in Economics 121, Universitat de Barcelona. Espai de Recerca en Economia, 2007.

Porter, M. E. The Competitive Advantage of Nations (1st ed.). NY: Free Press, 1990.

Porter, M. E. The Competitive Advantage of Nations (Revised ed.). NY: Free Press, 1998.

Porter, M. E. Location, Competition and economic development: Local clusters in a global economy. Economic Development Quarterly, 2000, 14(1): 15-34.

Powell, W. , Smith-Doer, L. Networks and economic life. In: Smelser, N. J. , Swedberg, R. (eds.), The Handbook of Sociology. Princeton: Princeton University Press, 1994, pp. 368-402.

Robert-Nicoud, F. The structure of simple 'New Economic Geography' models (or, On identical twins). Journal of Economic Geography, 2005, 5(2): 201-234.

Robert-Nicoud, F. , Ottaviano, G. I. P. The 'genome' of NEG models with vertical linkages: a positive and normative synthesis. Journal of Economic Geography, 2006, 6(2): 113-139.

Robertson, P. L. , Alston, L. J. Technological choice and the organization of work in capitalist firms. Economic History Review, 1992, 45(2): 330-349.

Starret, D. Market allocations of location choice in a model with free mobility. In: Thisse, J. F. , Button, K. J. , Nijkamp, P. (eds.), Location Theory. Cheltenham: Brookfield, 1996, pp. 141-157.

Stigler, G. J. The division of labor is limited by the extent of the market. Journal of Political Economy, 1951(59): 185.

Stigler, G. J. Perfect competition, historically contemplated. Journal of Political

Economy，1957(65)：1-12.

Storper，M. Competitiveness policy options：The technology-regions connection. Growth and Change，1995，26(2)：285-309.

Sturgeon，T. ，Lester，R. Upgrading East Asian Industries：New Challenges for Local Suppliers. Cambridge，Mass. Industrial Performance Center，MIT，2002.

Tabuchi，T. Urban agglomeration and dispersion：A synthesis of Alonso and Krugman. Journal of Urban Economics，1998(44)：333-351.

Venables，A. J. Equilibrium location of vertical linked industries. International Economic Review，1996，37(5)：201-229.

Venables，A. J. Geography and international inequalities：The impact of new technologies. Journal of Industry，Competition and Trade，2001，1(2)：135-159.

Walz，U. Transport costs，intermediate goods，and localized growth. Regional Science & Urban Economics. 1996，26(6)：671-697.

Wen，M. Relocation and agglomeration of Chinese industry. Journal of Development Economics，2003(73)：329-347.

Yang，X. K. Economics：New Classical Versus Neoclassical Frameworks. Blackwell，2001.

Young，A. A. Pigou's wealth and welfare. Quarterly Journal of Economics，1913(27)：672-686.

Young，A. A. Increasing returns and economic progress. The Economic Journal，1928(38)：361-386.

Zeng，D. Z. ，Zhu，X. W. Tourism and Industrial Agglomeration. Working paper of Zhejiang University CRPE，2007.

Zhang，Y. F. Vertical Specialization of Firms：Evidence from China's Manufacturing Sector. CCER working paper，2004.

阿尔弗雷德·马歇尔[美]. 经济学原理. 朱志泰，译. 北京：商务印书馆，2001.

阿尔弗雷德·韦伯[美]. 工业区位论. 李刚剑，陈志人，张英保，译. 北京：商务印书馆，1997.

埃德加·胡佛[美]. 区域经济学导论. 王翼龙，译. 北京：商务印书馆，1990.

艾萨德[美]. 区域科学导论. 北京：高等教育出版社，1991.

保罗·克鲁格曼[美]. 地理与贸易. 张兆杰，译. 北京：北京大学出版社，中国人民大学出版社，2000a.

保罗·克鲁格曼[美]. 发展、地理学和经济理论. 蔡荣，译. 北京：北京大学出版社，2000b.

布雷克曼，盖瑞森，马勒惠克. 地理经济学. 西南财经大学文献中心翻译部，译. 成都：西南财经大学出版社，2004.

蔡跃洲，王瑛. 长三角区域一体化进程中面临的问题. 浙江经济，2006(16)：60.

陈建军. 产业区域转移与东扩西进战略——理论和实证分析. 北京：中华书局，2002.

陈建军. 长江三角洲区域经济一体化的三次浪潮. 中国经济史研究，2005(3)：113-122.

陈建军. 长江三角洲地区产业结构与空间结构的演变. 浙江大学学报（人文社科版），2007，37(2)：88-98.

陈建军，黄洁. 集聚视角下的产业、城市和区域. 浙江大学学报（人文社科版），2008，38(4)：12-21.

陈建军，夏富军. 垂直分工、产业集聚与专业化优势——兼论长三角地区的制造业优势格局. 人大复印资料，2007，22(5)：40-47.

陈建军，黄洁，陈国亮. 产业集聚间分工和地区竞争优势——来自长三角微观数据的实证. 中国工业经济，2009(252)：130-139.

陈良文，杨开忠. 我国区域经济差异变动的原因：一个要素流动和集聚经济的视角. 当代经济科学，2007，29(30)：35-42.

陈柳钦. 分工协作、交易费用与产业集群. 天津社会科学院城市经济研究所讨论稿，http://www.tass-tj.org.cn/，2005.

仇保兴. 小企业集群研究. 上海：复旦大学出版社，1999.

大卫·李嘉图［英］. 政治经济学及赋税原理. 北京：商务印书馆，1998.

戴宏伟. 加快"大北京"经济圈生产要素流动 促进产业梯度转移. 经济与管理，2006(3)：5-6.

丁敏. 日本产业结构研究. 北京：世界知识出版社，2006.

范剑勇. 长三角一体化、地区专业化与制造业空间转移. 管理世界，2004(4)：77-84.

冈纳·缪尔达尔［瑞］. 世界反贫困的挑战. 顾朝阳，等，译. 北京：北京经济学院出版社，1991.

高汝熹，吴晓隽. 长三角产业同构的另一种看法. 长三角，2006(12)：10-11.

贺灿飞，谢秀珍. 中国制造业地理集中与省区专业化. 地理学报，2006，61(2)：212-222.

赫希曼［美］. 经济发展战略. 曹征海，潘照东，译. 北京：经济科学出版社，1991.

洪银兴，刘志彪. 长江三角洲地区经济发展的模式和机制. 北京：清华大学出版社，2003.

黄玖立，李坤望. 对外贸易，地方保护和中国的产业布局. 经济学（季刊），2006，5(3)：733-760.

金祥荣，朱希伟. 专业化产业区的起源与演化——一个历史与理论视角的考察. 经济研究，2002(8)：74-95.

金煜，陈钊，陆铭. 中国的地区工业集聚：经济地理、新经济地理与经济政策. 经济研究，2005(4)：79-89.

靖学青. 长三角主要城市产业发展的区域定位与协调互动. 上海经济研究，2004(3)：51-56.

克里斯塔勒［德］. 德国南部中心地原理. 常正文，王兴中，等译. 北京：商务印书馆，1998.

勒施［德］. 经济空间秩序——经济财货与地理间的关系. 王守礼，译. 北京：商务印书馆，1995.

李廉水，周彩红. 区域分工与中国制造业发展——基于长三角协整检验与脉冲响应函数的实证分析. 管理世界，2007(10)：64-74.

李清娟. 长三角产业同构向产业分工深化转变研究. 上海经济研究，2006(4)：47-56

李庆华，王文平. 长三角地区产业同构问题研究综述. 华东经济管理，2006，20(11)：67-71.

李晓华. 垂直解体和网络范式下的企业成长. 南开管理评论，2006，9(5)：89-94.

李子奈，潘文卿. 计量经济学. 北京：高等教育出版社，2005.

梁琦，詹亦军. 地方专业化、技术进步和产业升级：来自长三角的证据. 经济理论与经济管理，2006，4(2)：50-69.

林理升，王晔倩. 运输成本、劳动力流动与制造业区域分布. 经济研究，2003(6)：115-125.

刘修岩. 经济集聚、空间外部性与地区差距——来自中国地级数据的证据. 复旦大学博士论文，2008.

刘修岩，贺小海，殷醒民. 市场潜能与地区工资差距：基于中国地级面板数据的实证研究. 管理世界，2007(9)：49-55.

刘志彪，吴福象. 贸易一体化与生产非一体化——基于经济全球化两个重要假说的实证研究. 中国社会科学，2006(2)：80-92.

陆大道. 关于'点一轴'空间结构系统的形成机理分析. 地理科学，2002，22(1)：1-6.

路江涌，陶志刚. 区域专业化分工与区域间行业同构——中国区域经济结构的实证分析[EB/OL]，http://www.ccwe.org.cn/，2003.

路江涌，陶志刚. 中国制造业区域集聚及国际比较. 经济研究，2006（3）：103-114.

罗勇，曹丽莉. 中国制造业集聚程度变动趋势实证研究. 经济研究，2005（8）：106-127.

马国霞，石敏俊，李娜. 中国制造业产业间集聚度及产业间集聚机制. 管理世界，2007（8）.

迈克尔·波特［美］. 国家竞争优势. 李明轩，邱如美，译. 北京：华夏出版社，2002.

杉浦章介. 都市经济论. 日本：岩波书店，2003.

盛洪. 分工与交易——一个一般理论及其对中国非专业化问题的应用分析. 上海：上海三联出版社，1992.

斯蒂格勒［美］. 产业组织. 王永钦，薛峰，译. 上海：上海三联书店，上海人民出版社，2006.

孙杰，余剑. 开放经济条件下中国产业结构调整——基于比较优势和回来因素的理论考察与计量研究. 北京：经济管理出版社，2007.

唐立国. 长江三角洲地区城市产业结构的比较. 上海经济研究，2002（9）：50-56.

藤田昌久［美］，保罗·克鲁格曼［美］，安东尼·J. 维纳布尔斯［美］. 空间经济学：城市、区域与国际贸易. 梁琦，主译. 北京：人民大学出版社，2005.

王辑慈，等. 创新的空间：企业集群与区域发展. 北京：北京大学出版社，2001.

王晓娟，陈建军. 企业跨区域发展、产业集群间分工的形成和产业集群转型. 学术月刊，2006（38）：82-87.

魏后凯. 中国制造业集中和市场结构分析. 管理世界，2002（4）：63-71.

魏后凯. 现代区域经济学. 北京：经济管理出版社，2006.

吴福象. 经济全球化中制造业垂直分离的研究. 财经科学，2005（210）：113-120.

小艾尔弗雷德·D. 钱德勒［美］. 看得见的手——美国企业的管理革命. 重武，译. 北京：商务印书馆，1987.

徐康宁. 开放经济中的产业集群与竞争力. 中国工业经济，2001.

亚当·斯密［英］. 国富论. 上海：上海三联书店，1998.

杨开忠. 区域经济学概念、分支与学派. 经济学动态，2008（1）：55-60.

杨小凯，黄有光［澳］. 经济学：新兴古典与新古典框架. 张玉刚，译. 北京：中国社会科学出版社，2001.

殷醒民. 论长江三角洲城市圈的产业分工，复旦大学学报，2006（2）：42-53.

尹伯成，主编. 西方经济学说史：从市场经济视角的考察. 上海：复旦大学出版社，2005.

约翰·冯·杜能. 孤立国同农业和国民经济的关系. 北京：商务印书馆，1986.

张同升，梁进社，宋同平. 中国制造业省区间分布的集中与分散研究. 经济地理，2005，25(3)：315-332.

张孝锋，蒋寒迪. 产业转移对区域协调发展的影响及其对策. 财经理论与实践，2006(4)：104-107.

赵丽，夏永祥. 长江三角洲地区工业的区域分工协作现状与产业结构趋同现象浅析. 苏州大学学报(社会科学版)，2004(4)：35-41.

郑恒. 长江三角洲地区产业同构根源剖析. 嘉兴学院学报，2005，17(1)：56-69.

索　引